EDITORA DO CONHECIMENTO

Auxiliando a humanidade a encontrar a Verdade

# Luzes da Teosofia

# Luzes da Teosofia – Vol. 5

Autores diversos


CONHECIMENTO EDITORIAL LTDA.
Rua Prof. Paulo Chaves, 276 – Vila Teixeira Marques
CEP 13480-970 — Limeira — SP
Fone/Fax: 19 3451-5440
*www.edconhecimento.com.br*
*vendas@edconhecimento.com.br*



Organizador: Edilson Almeida Pedrosa
Projeto gráfico: Sérgio Carvalho
Ilustração da capa: Banco de imagens

ISBN 978-65-5727-040-0
2ª Edição – 2021

• Impresso no Brasil • Presita en Brazilo
Produzido no departamento gráfico da

Conhecimento Editorial Ltda
*grafica@edconhecimento.com.br*

Dados Internacionais de Catalogação na Publicação (CIP)
Angélica Ilacqua CRB-8/7057

---

Luzes da Teosofia – Vol. 5 / Organizado por Edilson Almeida Pedrosa — Limeira, SP : 2ª ed. Editora do Conhecimento, 2021.

170 p. (Teosofia: A força da Verdade)

Diversos autores

ISBN 978-65-5727-040-0

1. Teosofia 2.Ciências ocultas 3. Espiritualidade 4. Reencarnação 5. Filosofia I. Pedrosa, Edilson Almeida

19-0946 CDD – 130

---

Índices para catálogo sistemático:
1. Ciências ocultas : Esoterismo

Autores diversos

# Luzes da Teosofia

Volume 5

2ª edição

2021

EDITORA DO
CONHECIMENTO

Meditação, abstinência em tudo, observação dos deveres morais, pensamentos agradáveis, boas ações e palavras amáveis, como também a boa vontade com todos e o total esquecimento do Eu, são os meios mais eficazes de obter conhecimento e preparar-se para a recepção da sabedoria superior.

Helena P. Blavatsky
*Ocultismo Prático*

# Conteúdo

Prefácio ........ 9

Dogmatismo na Teosofia
William Judge ........ 12

O sistema de evolução humana em *A Doutrina Secreta*
Moacir M. Fernandes ........ 15

Medicina e holismo na Grécia Antiga
Regina Medina ........ 31

A ponte entre a ciência e a religião
Entrevista com Amit Goswami ........ 39

Prepare-se para responder ao darma
B. P. Wadia ........ 71

Os chelas são mediuns?
Helena P. Blavatsky ........ 77

Blavatsky não era um médium? E se era, por que se opunha à mediunidade? ........ 82

Contos Assombrosos de Blavatsky ........ 87
Uma vida enfeitiçada (Conforme narrado por uma caneta de pena) ........ 89

Biografia
Alfred Percy Sinnet ........ 141

Curiosidades teosóficas ........ 148

O que é a iniciação diária? ... 148
Os benefícios da cremação ... 150
Blavatsky previu muitos dos avanços da física moderna ... 154

Índice dos artigos até agora editados — Vol. 1 ... 167
Índice dos artigos até agora editados — Vol. 2 ... 167
Índice dos artigos até agora editados — Vol. 3 ... 168
Índice dos artigos até agora editados — Vol. 4 ... 168
Índice dos artigos até agora editados — Vol. 5 ... 169

# Prefácio

> Um livro aberto é um cérebro que fala; fechado, um amigo que espera; esquecido, uma alma que perdoa; destruído, um coração que chora. – Tagore

A teosofia é o acervo de conhecimentos das causas da existência de tudo no Universo retido por um grupo de seres extraordinários chamados adeptos, cujas mentes estão em perfeita sintonia com a Mente Universal. Além da busca incessante pelo conhecimento e sabedoria universais, as doutrinas teosóficas firmam-se também nos preceitos do amor, da fraternidade e do não egoísmo. É nesse manancial infinito e eterno da verdade, do amor e da sabedoria universais onde se assentam todas as religiões e encontra-se a essência dos sistemas filosófico-religiosos da antiguidade. A teosofia unifica, explica e harmoniza filosofia, ciência e religião, e o exame apurado da literatura teosófica autêntica deixa transparecer claramente essa concordância fundamental.

O movimento teosófico moderno, fundado por H. P. Blavatsky e Henry Steel Olcott, no último quartel do século XIX, espalhou-se pelo mundo e tem se tornado cada vez mais conhecido na atualidade. Grande parte do sucesso dessa nova corrente de pensamento deve-se à notável obra escrita deixada por Blavatsky, a qual se coloca como um dos capítulos mais destacados da criatividade humana. Percebe-se naquele magnífico edifício literário uma espantosa demonstração de talento, erudição, inspiração, visão profética, profundidade espiritual, constituindo-se um fenômeno inexplicável que ainda choca e surpreende a mente da maioria das pessoas que entram em contato com ele. A grandiosa obra de Blavatsky compõe-se não apenas dos muitos e importantíssimos livros que publicou, mas também de numerosos artigos editados por vários periódicos e que formam, em seu conjunto, um acervo monumental. Boris de Zirkoff, sobrinho de Blavatsky, colecionou notas, diários, artigos, cartas, bem como todos os seus livros publicados, perfazendo uma coleção, em 14 volumes, que foi denominada The Blavatsky Collected Writings e totaliza mais de 8000 páginas.

Além de todo esse rico material provindo da fundadora, que contém ensinamentos valiosos, com suas instruções particulares, inclusive as que ela transmitiu depois de 1888 aos membros da Seção Esotérica da Sociedade Teosófica, os atuais teósofos dispõem de uma quantidade volumosa de livros, pesquisas e artigos elaborados por teósofos notáveis de grande erudição e espiritualidade, sendo alguns deles companheiros de primeira hora dos fundadores da Sociedade Teosófica e outros que se destacaram em fases subsequentes de desenvolvimento e expansão da teosofia pelo mundo, inclusive na atualidade. Só para lembrar alguns nomes, podemos citar, dentre dezenas de outros igualmente importantes: A. P. Sinnett, William Q. Judge, H. S. Olcott, Annie Besant, T. Subba Rao, C. W. Leadbeater, G. R. S. Mead, Gerald Massey, Franz Hartmann, Ernest Wood, C. Jinarajadasa, Arthur A. Powell, N. Sri Ram, Geoffrey Hodson, Gottefried de Purucker, Boris de Zirkoff, Clara M.Codd, P. G. B. Bowen, Geoffrey Farthing, N. Bhashyacharya, R. B. Holt, Parabolanus, Frederick Hockley, Geo. C. Williams, Ianthe Hoskins, A. L. Pogosky, Bhagavan Das.

Após quase 150 anos da fundação da Sociedade Teosófica, ocorrida em 1875, a tremenda produção literária dos teósofos e pesquisadores vinculados, discípulos ou não dos mestres de sabedoria, especialmente os milhares de artigos produzidos, encontram-se à disposição dos estudantes de filosofia esotérica na forma de livros e outras publicações ou até mesmo na internet. Porém, quase tudo se encontra redigido em línguas estrangeiras, especialmente a inglesa, o que dificulta enormemente para os pesquisadores e buscadores da vida espiritual de língua portuguesa com desconhecimento de outros idiomas.

Há, por conseguinte, grande demanda a ser suprida por mais publicações na nossa língua que exponham integralmente o pensamento dominante e as tendências atuais que derivam dos ensinamentos valiosos da Sabedoria Antiga. A **EDITORA DO CONHECIMENTO** espera agora que esse anseio possa ser satisfeito com a publicação da presente série de volumes do selo 'Luzes da Teosofia'. A profícua produção literária sob a forma de artigos produzidos por Blavatsky e os mais destacados teósofos do passado e da atualidade serão disponibilizados, a cada mês, sob o formato de livros, numa série sem prazo determinado para terminar. A Editora espera que essa antologia do conhecimento divino, exposta magistralmente por qualificados pesquisadores da verdade eterna, possa se constituir num roteiro seguro de acesso ao conhecimento esotérico.

Os teósofos caracterizam-se especialmente por serem livres pensadores. Desde a sua fundação, a Sociedade Teosófica, apesar de ter o seu corpo doutrinário, nunca impôs aos seus membros renúncia às crenças particulares e aos ensinamentos e dogmas de suas religiões, a única exigência é com a prática da fraternidade e o respeito mútuo. De sorte que não se deve esperar nos textos apresentados nesta série ora lançada inteira coerência e concordância uns com os outros, pois cada autor teosófico tem o direito de expressar livremente o pensamento de qualquer escola a que esteja vinculado, mas jamais o de menosprezar opiniões opostas à sua ou de forçar qualquer pessoa a aceitar os seus pontos de vista.

# Dogmatismo na Teosofia[1]

Por William Judge

A Sociedade Teosófica foi fundada para acabar com o dogmatismo. Esse é um dos significados do primeiro objetivo – a fraternidade universal. O Coronel H. S. Olcott, no seu discurso inaugural em 1875, no Mott Memorial Hall, em Nova Iorque, disse que esse era o objetivo em vista, citando o mau efeito que a intolerância tinha tido no passado. Esse discurso foi visto pela Madame H. P. Blavatsky antes da sua leitura, ou os seus conteúdos foram-lhe comunicados, portanto teve a sua concordância, pois ela esteve presente quando foi lido.

Na "Conclusão" de *A Chave para a Teosofia*, HPB refere-se novamente a esse assunto e expressa a esperança de que a Sociedade não se venha a tornar, após a sua morte, dogmática ou cristalizada nalgum estágio de pensamento ou filosofia, mas que se possa manter livre e aberta, com membros sensatos e altruístas. Em todos os seus escritos e observações, privada ou publicamente, ela constantemente reiterou essa ideia. Sobre isso, o autor tem evidências diretas pelas suas declarações em privado.

Se o nosso esforço é para ter êxito, devemos evitar o dogmatismo na teosofia tanto como noutra coisa qualquer, pois ao dogmatizarmos e ao insistirmos na nossa construção de teosofia, perdemos de vista a fraternidade universal e semeamos complicações futuras.

Há uma grande probabilidade de membros da Sociedade

[1] Título original: *Dogmatism in Theosophy*, em The Path, Vol. 6 – nº 10, janeiro de 1892. https://theosophy.world/sites/default/files/Theosophical%20Publications/The%20Path/1892/path-6-10-1892-jan.pdf

insistirem numa certa ortodoxia nas nossas fileiras. Já o têm feito aqui e ali, e isso é uma nota de aviso para os alertar para o perigo. Não existe ortodoxia na nossa Sociedade. Apesar de nove décimos dos membros acreditarem na reencarnação, no carma, na constituição setenária e em tudo o mais, e apesar de os mais proeminentes estarem envolvidos em promulgar essas e outras doutrinas, as fileiras da Sociedade devem ser sempre mantidas abertas, e a ninguém deve ser dito que ele não é um ortodoxo ou um bom teosofista porque não acredita nestas doutrinas. Apenas é pedida a adesão de todos à fraternidade universal e à sua prática na procura pela verdade. Os esforços daqueles que estão desse modo a promulgar ideias específicas são suportados pelo segundo objetivo da Sociedade, que qualquer um é livre de recusar ou de seguir, conforme preferir. Podemos negar – de modo não dogmático – a reencarnação e outras doutrinas ou podemos afirmar a crença num Deus pessoal ou impessoal e ainda sermos um bom membro da Sociedade, desde que a fraternidade universal seja subscrita e posta em prática. Se um membro diz que ele quer enunciar a existência de um Deus ou que não pode acreditar na reencarnação nenhum outro deve condenar, estabelecer comparações ou apontar para os escritos de HPB ou de outrem para mostrar que esse membro é não teosófico. As grandes mentes da Terra estão fascinadas por grandes ideias como essas e, mesmo assim, mantendo-as, podem ainda procurar pela verdade com os outros, num perfeito espírito de tolerância.

Mas ao mesmo tempo é óbvio que, entrando na Sociedade e então, sob o nosso fundamento prévio de tolerância, asseverar que a teosofia não deve ser estudada, que o vasto conjunto de pensamento e filosofia oferecida na nossa literatura não deve ser investigado, é algo não teosófico, impraticável e absurdo, pois iria anular o próprio objetivo da nossa organização; é um dogmatismo que deriva da negação e indiferença. Devemos estudar a filosofia e as doutrinas que nos são oferecidas antes de estarmos numa posição de passar julgamento e dizer que não são verdade ou que deveriam ser rejeitadas. Julgar e rejeitar antes de analisar é típico das mentes tacanhas ou de dogmáticos preconceituosos.

E como o vasto conjunto de filosofia, ciência e ética que nos foi dada por H. P. Blavatsky e os seus instrutores tem sobre ele o carimbo da investigação, razoabilidade, antiguidade e sabedoria, exige a nossa melhor e prioritária consideração de modo a que possamos com aptidão, concluir sobre a sua aceitação ou rejeição.

Só então, um membro da Sociedade, independentemente da sua posição das nossas fileiras ser mais ou menos elevada, tem o direito de promulgar todas as ideias filosóficas e éticas encontradas na nossa literatura o melhor que conseguir, e ninguém tem o direito de se opor, desde que essa promulgação seja acompanhada de uma afirmação clara que não é autorizada ou considerada ortodoxa por qualquer declaração da estrutura da nossa S.T. A nossa Sociedade deve permanecer livre e aberta, em qualquer circunstância, e porque nos recusamos a enunciar crenças como uma Sociedade, permanecemos poucos em número, mas podemos sempre ser fortes em influência.

# O sistema de evolução humana em *A Doutrina Secreta*

Moacir M. Fernandes[1]

## A manifestação da vida e da consciência (DS I – 111).[2]

A Sra. Blavatsky diz-nos que: "tudo vive e é consciente, mas não que toda a vida e toda a consciência sejam semelhantes às dos seres humanos ou mesmo dos animais." Diz mais ela: "Nós consideramos a vida como a única forma de existência, manifestando-se no que chamamos Matéria, ou naquilo que no homem chamamos Espírito, Alma e Matéria (separando-os sem razão)." E acrescenta:

A Matéria é o Veículo para a manifestação da Alma neste plano de existência, e a Alma é o Veículo, em um plano mais elevado, para a manifestação do Espírito; e os três formam uma Trindade sintetizada pela Vida que os interpenetra a todos.

Cabe observar que na manifestação "não humana" a matéria é apresentada como a manifestação direta do espírito. Mas, no caso do ser humano, é admitido um ente intermediário: a alma. É a esta que cabe manifestar o espírito, porém, num plano mais elevado daquele em que vivemos, sendo destinado à matéria (entenda-se aqui como a 'personalidade vivencial[3]) manifestar a alma no plano existencial.

[1] Moacir Marques Fernandes é membro da Loja Dharma da Sociedade Teosófica no Brasil.

[2] Esta notação (DS I – 111) significa A Doutrina Secreta, Vol. I, p. 111 (Ed. Pensamento, São Paulo), devendo a mesma lógica notacional prevalecer ao longo deste trabalho.

[3] Entenda-se o corpo material do homem como o complexo vivo, constituído de

## O Tríplice Sistema de Evolução (DS I — 223)

A Doutrina Secreta afirma que existe na natureza um tríplice esquema evolutivo para a formação dos três *upadhis (veículos) periódicos;* ou melhor, três esquemas separados de evolução, que em nosso sistema solar se acham entrelaçados e combinados em todas as suas partes. São eles: a evolução monádica (ou espiritual), a intelectual e a física.

1°) A evolução monádica, como a expressão indica, relaciona-se com o crescimento e o desenvolvimento da mônada[4] em fases de atividade cada vez mais elevadas, em conjunção com

2°) a evolução intelectual, exercida pelos *mânasa-dhyânis* (devas solares ou *pitris agnishvatta)* aqueles que "dão[5] ao homem a inteligência e a consciência"; e com

3°) a evolução física, representada pelos *chhâyâs (sombras ou projeções*) dos *pitris* lunares, em torno dos quais a natureza formou o corpo físico atual. Este corpo serve de veículo ao "crescimento" e às "transformações" (por meio de manas e graças à cumulação de experiências) do finito no infinito, do transitório no eterno e absoluto.

Sobre esse sistema Blavatsky esclarece que cada um dos três sistemas tem as suas próprias leis, é regido e orientado por grupos dos mais excelsos *dhyânis*, ou Logos. Cada sistema está presente na constituição do homem, o microcosmo do macrocosmos; e é a reunião, no homem, daquelas três correntes que faz dele o ser complexo que atualmente é.

A Estância IV da Antropogênese (ver Anexo II) dá outras informações sobre a formação e o desenvolvimento das primeiras raças:

1. que as sete legiões dos *pitris* lunares, aos quais foi

---

seu corpo físico (denso e etérico), do corpo emocional e do corpo mental concreto, ou seja, a nossa personalidade, que morre para reencarnar cada vez na forma já desenvolvida, em conformidade com o carma, através das inumeráveis vidas anteriores.

[4] Como os termos 'crescimento' e 'desenvolvimento' não são aplicáveis à mônada, entende-se que aqui essas condições refiram-se ao processo das transformações superiores pelos quais passa a consciência do homem, diretamente conduzido pela mônada, a partir do plano mental superior.

[5] Na verdade, os devas ou anjos solares não dão, mas atuam de forma que o ser humano venha a desenvolver inteligência e consciência. Eles constituem os egos dos homens.

dada a incumbência de criarem o homem (ver Anexo I), impulsionados pelo espírito dispensador da vida (*fohat*) separaram os homens de si mesmos, cada qual em sua própria zona;

2. que no decorrer das eras, houve uma evolução espiritual, uma evolução psíquica, uma evolução intelectual e uma evolução animal, do mais elevado ao mais inferior, assim como um desenvolvimento físico, do simples e homogêneo ao complexo e heterogêneo;

3. que essa dupla evolução, em dois sentidos contrários, exigiu várias idades, de natureza e graus diversos de espiritualidade e intelectualidade, para construir o ser agora conhecido como homem;

4. que há uma lei, a lei una absoluta, sempre em ação e infalível, a qual procede sempre do mesmo modo em cada eternidade (*manvântara*), proporcionando sempre uma escala ascendente ao manifestado (a grande ilusão[6], ou *mahâ-mâyâ*), descendo o espírito cada vez mais profundamente na materialidade, por um lado, e depois assegurando a sua redenção da carne e libertando-o.

5. que esta lei emprega, para tais objetivos, seres pertencentes a outros planos mais elevados, homens ou mentes (*manus*), conforme as exigências cármicas.

## Considerações sobre o esquema da evolução

1. A evolução física na Terra é anterior ao surgimento do reino humano, o qual ainda se encontra em pleno desenvolvimento, pois ainda estamos na quinta sub-raça da quinta raça de um total de sete raças raízes.

2. A formação física humana ocorreu por ocasião da terceira raça raiz – a lemuriana. O homem primordial deve sua forma aos *pitris* lunares, mas os *pitris* superiores ou *dhyanis* não tomaram parte na criação física. Esse homem, um ser aeriforme, não compacto e sem mente, não tinha princípio médio que servisse de elo entre o superior e o inferior (o homem espiritual e o cérebro físico) porque não era dotado de manas (ver Anexo I — Estância III). De acordo com a terceira propo-

[6] Segundo H. P. B. fora da Realidade Única nada mais há do que uma ilusão passageira – Incluindo o universo. (*A Chave para a Teosofia* — p. 159, Editora Teosófica, 1991).

sição fundamental de A Doutrina Secreta, na etapa dos reinos sub-humanos, a evolução ocorre por impulso natural para, com o advento do ser humano, seguir à custa dos próprios esforços, conscientemente dirigidos e regulados pelo carma, escalando todos os graus de inteligência, desde o manas inferior até o manas superior.

3. Blavatsky esclarece que a natureza, ou força evolutiva física, não poderia, por si só, desenvolver jamais inteligência; ela não é capaz de criar senão "formas desprovidas de entendimento." (DS I – 223). Isso é explicado na Estância III: "Neste nosso plano não há potencialidade de Criação ou Autoconsciência em um Espírito puro, a não ser que a sua natureza demasiado homogênea, perfeita — porque divina — se misture (se associe), por assim dizer, a uma essência já diferenciada, sendo por ela fortalecida."

4. Por outro lado, Blavatsky acrescenta: "as Mônadas Lunares não podiam progredir porque ainda não tinham tido o contato suficiente com as formas criadas pela Natureza para obter, por meio destas formas, todas as experiências acumuladas" (DS I — 223), ou seja, as mônadas que se 'encarnaram' naquelas conchas vazias[7] permaneceram tão inconscientes como quando se achavam separadas de suas formas e veículos incompletos anteriores. (Anexo I – Estância 3).

5. Blavatsky conclui dizendo: "São os *Manasa-Dhyanis* que representam a força evolutiva da Inteligência e da Mente; o laço de união entre o Espírito e a Matéria, nesta ronda."

Cabe esclarecer quem são os *manasa-dhyânis* (devas solares ou *pitris agnishvatta)* que "promovem no homem a inteligência e a consciência" e motivam e guiam nossa evolução intelectual, neste período atual da implantação do reino humano.

A resposta a esse quesito nos é oferecida na Estância IV da Antropogênese, a saber:

## O mistério da individualização humana

1. A DS III — 102 diz-nos que os "criadores" dos nossos corpos e dos nossos princípios inferiores foram os *pitris* lunares.

[7] "O homem primordial" é descrito na Estância III como um ser aeriforme, não compacto e sem mente.

2. Mas que "os que deram ao homem o seu EGO consciente e imortal foram os Anjos Solares",[8] e acrescenta "os mistérios do EGO consciente, ou Alma Humana são grandes." O nome esotérico desses anjos é 'Senhores Nath da Devoção perseverante e sem fim', *Pranidhâna*."

3. A DS explica, ainda, que os dotados do quinto princípio (manas) parecem relacionar-se com os que praticam *pranidhâna*. Diz, também que os ocultistas transhimalaios os consideram como idênticos aos que na Índia são chamados de *agnishvâttas, kumaras e barshibads* (senhores da chama, deuses solares e *pitris* lunares).

4. Com o propósito de aceleração da evolução planetária, é que — até a metade da terceira raça raiz (a lemuriana) — as entidades designadas por anjos solares foram introduzidas e passaram a dirigir a evolução humana. Tais anjos são seres perfeitos que alcançaram a iniciação de adeptos em uma cadeia planetária anterior a nossa e atuam na função de grandes intermediários entre o homem inferior (a personalidade nos três mundos) e a tríade espiritual (*atma, buddhi, manas*), ou aspectos da mônada.

5. O anjo solar (ego superior) é o ser que, através de uma longa série de encarnações do homem, promove a luta pela qual se atingirá a verdadeira liberação humana ao final da terceira iniciação[9]. Esse anjo solar constitui o guerreiro do qual nos fala *Luz no Caminho* e representa um dos recursos de atuação para a mônada no plano existencial, onde ela não pode atuar diretamente. É a ele a quem se dirige na invocação dos *Upanishads:* "Do irreal, conduz-nos ao Real; das trevas, conduz-nos à Luz; da morte, conduz-nos à Imortalidade."

6. Segundo Blavastky,[10] "Todos os nossos Egos são entidades pensantes e racionais (*Manasaputras* – Filhos da Mente), que viveram sob forma humana ou outras, no ciclo de vida precedente (*Manvantara*), e cujo *Karma* era o de fazerem-se

---

[8] Na realidade, os anjos solares não dão a inteligência e consciência aos homens sob o seus cuidados, mas promovem e dirigem o desenvolvimento desses atributos nos mesmos.

[9] A terceira iniciação da personalidade no plano vivencial representa o completo domínio da mente concreta. Esta terceira iniciação no plano existencial corresponde à primeira iniciação no plano espiritual.

[10] *A Chave para a Teosofia* — p 127, Editora Teosófica, 1991 (nota de rodapé).

atuantes no homem no presente ciclo de evolução intelectual da personalidade."

7. As mônadas ou egos dos homens da sétima ronda de nossa Terra serão os antepassados terrestres criadores dos que hão de ser superiores a eles (DS I — 223).

## Os responsáveis pela evolução humana

Como visto, as etapas da evolução humana ocorrem através dos seguintes agentes:

1. A evolução Física ocorre através de leis naturais, tendo por base sombras ou projeções dos *Pitris* lunares, para a natureza formar o corpo físico e os princípios inferiores do ser humano.

2. A evolução intelectual pela qual hoje passa a humanidade está sendo promovida pelos entidades denominadas anjos solares ao propiciarem a "inteligência e a consciência" ao homem. Atuando em consonância com o carma, este anjos não impõem nenhum aprendizado, mas estabelecem situações e condições de vida, ao longo de uma série de inumeráveis encarnações do ser humano sob os seus cuidados, para que ele, por si mesmo, adquira a verdadeira consciência e domínio sobre tudo o que, no nível espiritual, cabe ao homem entender, fazer e a vir a se tornar. Conforme diz I. K. Taimini, em seu livro *O Segredo da Autorrealização* (no aforismo 14), essa entidade no interior do coração humano é da natureza do fogo e da luz. Como fogo queima tudo em nosso plano que não seja compatível com a natureza espiritual. Como luz expande a consciência e aumenta a percepção espiritual do indivíduo até se fundir na luz infinita da consciência universal.

3. A evolução monádica está a cargo da própria mônada (que por sua elevada natureza não desce além do nível mental superior). Ao realizar nossa terceira iniciação, o anjo solar abre-nos o acesso ao mundo espiritual ao nível de manas superior e ele, juntamente com a influência da mônada, prepara o candidato para receber a quarta iniciação, sendo ela realizada pela mônada, ocorrendo a liberação e afastamento do anjo solar. Este afastamento dá-se pesarosamente depois de um convívio com anjo da ordem de 18 milhões de anos, cons-

tituindo o que São João da Cruz chamou de "noite escura da alma", apresentada alegoricamente na expressão de Jesus: "Deus meu, Deus meu, por que me abandonaste" (Mt 27:46); e depois, vendo que tudo estava consumado, dirigindo-se à mônada exclamou: "Pai em tuas mãos entrego o meu espírito." A partir da quarta iniciação todos os trabalhos de evolução e realização das iniciações subsequentes são conduzidos pela mônada.

## Designação de Anjo Solar em outras tradições

Em estudo apresentado pelo teósofo Vicente Fiumano, membro da Sociedade Teosófica na Argentina desde 1962, entre algumas das diversas designações do anjo solar existentes em outras tradições espiritualistas destacam-se as seguintes:

- Ego, eu superior, *manasaputra, agnisvata*, alma humana, o coração do sol espiritual, *Vishnu* em diversos correntes esotéricas.
- a natureza de Buda, do budismo;
- a bodhi-chita, do budismo tibetano;
- o *cristo interior*, no cristianismo paulino;
- o *Espírito Santo*, no cristianismo da reforma;
- o *"Anjo de Jehova"*, no judaísmo;
- o Ruach Há Kadosh, na kabala;
- o *Senhor*, no Islamismo;
- Átman[11], no hinduísmo e nas escolas como a *sankhya* e a vedanta.

## Notas bibliográficas

Objetivando facilitar, complementar e documentar o entendimento deste relato, além de eventuais fontes constantes do texto acima, apresenta-se a seguir alguns anexos para consulta dos interessados.

[11] Atma ou Atman aqui não se refere ao 'princípio' cósmico ou do homem, adotado nos ensinamentos teosóficos correntes, e sim a essa entidade espiritual existente no interior do coração humano, ou melhor em seu chakra cardíaco. Esse mesmo conceito vem sendo divulgado por diversos pesquisadores esotéricos, como em recentes palestra proferidas na Loja Dharma em Porto Alegre pelo professor Alberto Brum.

ANEXO I

Estância III —Tentativas de criação do homem (excertos). DS III – 89/99.

11. A descida do Demiurgo. 12. Os Deuses Lunares recebem ordem para criar. 13. Os Deuses Superiores se recusam.

Esta Estância inicia-se dizendo que após ter sido criada a Terra e a sua atmosfera.

1) "Os Grandes Chohans (Senhores) chamaram os Senhores da Lua (de Corpos Aéreos) e disseram-lhes: "Produzi Homens, Homens com a vossa Natureza. Dai-lhes as Formas internas (isto é: *Jivas* ou Mônadas). A Terra-Mãe (ou Natureza) construirá as Vestimentas externas (corpos externos). Eles serão Machos-Fêmeas. Senhores da Chama também..."

2) "Quem são os "Senhores da Lua"? Na Índia chamam-nos *Pitris*, ou 'Antepassados Lunares'."

3) "Cada um deles (os deuses lunares) seguiu para o Território que lhe foi destinado; eram Sete, cada qual em seu Lote. Os Senhores da Chama ficaram atrás. Não queriam ir não queriam criar."

4) "Mas, quem são "Eles", os que criam, e quem os "Senhores da Chama", "que não queriam criar"? O Ocultismo divide os "Criadores" em doze Classes, quatro das quais alcançaram a "Libertação" até o fim da "Grande Idade"; a quinta está próxima de alcançá-la, mas permanece ainda ativa nos planos intelectuais, ao passo que as outras sete estão ainda submetidas à lei cármica diretamente. Estas últimas atuam nos globos de nossa cadeia em que se encontram seres humanos."

5) "Os livros exotéricos hindus mencionam sete classes de *pitris*, e entre eles duas espécies distintas de progenitores ou antepassados: os *Barhishad* e os *Agnishvâtta*, os que possuem o "fogo sagrado" e os que dele são desprovidos... Esotericamente a classe mais elevada, [é] a dos Agnishvâtta."

6) "Os *Agnishvâtta* são representados como desprovidos de fogos, e os *Barhishad* como possuidores deles. Mas a filosofia esotérica explica as qualidades originais como devidas à diferença de natureza entre as duas classes: os *pitris agnisnvâtta* estão vazios de "fogo", isto é, de paixão criadora, por serem demasiado divinos e puros: ao passo que os *Barhishad*, sendo os espíritos lunares mais estreitamente relacionados com a Terra, se converteram nos *elohim* criadores da forma, ou do Adão de barro."

7) "A alegoria conta que... os filhos de Brahma, sua primeira progênie, 'Não tinham desejos nem paixões; estavam inspirados por sabedoria santa, afastados do Universo, e não desejavam progênie'."

8) É também o que significam, neste *sloka*, as palavras 'não queriam criar', explicando-se como segue: As Primeiras Emanações do Poder Criador estão demasiado perto da Causa Absoluta. São forças de transição, forças latentes, que só se desenvolverão nos próximos e sucessivos graus.

9) "Assim, como os *Pitris* superiores ou *Dhyânis* não tomaram parte na criação física, vemos o Homem Primordial — saído do corpo de seus Progenitores espiritualmente 'sem fogo' — descrito como um ser aeriforme, não compacto e sem mente. Não tinha Princípio médio que servisse de elo entre o superior e o inferior — o Homem Espiritual e o cérebro físico — porque não era dotado de Manas."

10) "As mônadas que se encarnaram naquelas CONCHAS vazias (por sua vez) permaneceram tão inconscientes como quando se achavam separadas de suas formas e veículos incompletos anteriores. Neste nosso plano não há potencialidade de Criação ou Autoconsciência em um Espírito puro, a não ser que a sua natureza demasiado homogênea, perfeita — porque divina — se misture [se associe], por assim dizer, a uma essência já diferenciada, sendo por ela fortalecida."

11) "Entre o homem e o animal — cujas mônadas ou *Jivas* são no fundo idênticos — existe o abismo intransponível da Mentalidade e da Autoconsciência. O que é a mente humana em seu aspecto superior? De onde procede, se não é uma parte da essência — e em alguns casos raros a encarnação, a própria *essência* — de um Ser superior, de um Ser pertencente a um plano superior e divino? Pode o homem — esse Deus encerrado em forma animal — ser produto da Natureza material só pela evolução, como é o animal (que difere do homem pela forma exterior, mas não pelo material de que é formado o seu invólucro físico, e que está animado pela mesma Mônada, embora não desenvolvida), quando vemos que as potencialidades de ambos diferem entre si tanto quanto o Sol difere do vagalume? E qual é a causa de tal diferença, *se* o homem é um animal com um Deus vivente dentro de sua concha física?"

12) "Mui grande é o mistério que se relaciona com os antecessores altamente espirituais do Homem Divino que está dentro do homem terrestre."

## ANEXO II

Estância IV — Criação Das Primeiras Raças (excertos). DS III - 100/103.

14. Criação dos homens. 15. São sombras vazias. 16. Os Criadores estão perplexos, indagando-se como devem criar o homem pensante. 17. O que se faz necessário à formação de um homem perfeito.

1) "As Sete Legiões, os Senhores "Nascidos da Vontade" (ou da Mente) impulsionados pelo Espírito Dispensador da Vida (Fohat) separaram os homens de si mesmos, cada qual em sua própria Zona."

2) "Eles se desprenderam de suas "Sombras" ou Corpos Astrais — se é que se pode dizer que um ser tão etéreo como um "Espírito Lunar" possui um Corpo Astral, além de outro quase intangível."

3) "No decorrer das eras..., houve uma evolução es-

piritual, uma evolução psíquica, uma evolução intelectual e uma evolução animal, do mais elevado ao mais inferior, assim como um desenvolvimento físico — do simples e homogêneo ao complexo e heterogêneo, sem que isto, porém, haja de todo ocorrido segundo as linhas traçadas pelos evolucionistas modernos".[12]

4) "Essa dupla, evolução, em dois sentidos contrários, exigiu várias idades, de natureza e graus diversos de espiritualidade e intelectualidade, para construir o ser agora conhecido como homem."

5) "Além disso, a lei una absoluta, sempre em ação e infalível, que procede sempre do mesmo modo, de uma a outra Eternidade (Manvântara) — proporcionando sempre uma escala ascendente ao manifestado, ou o que chamamos a Grande Ilusão (Mahâ-Mâyâ), mas descendo o Espírito cada vez mais profundamente na materialidade, por um lado, e depois assegurando a sua redenção por meio da carne e libertando-o..."

6) "Esta lei, dizemos, emprega, para tais objetivos, Seres pertencentes a outros planos mais elevados, homens ou Mentes (Manus), conforme as exigências cármicas."

Sobre a Identidade dos Poderes Que Se Encarnavam e as Suas Diferenças

*7)* "Os progenitores do homem, chamados na índia os pais, fitaras ou *pitris*, são os "criadores" do nosso corpo e dos nossos princípios inferiores. Eles são nós mesmos, como primeiras personalidades, e nós somos eles. O homem primordial seria "osso de seus ossos e carne de sua carne", se eles tivessem ossos e carne. Como dissemos, eram "seres lunares."

8) "Os que deram ao homem o seu ego consciente e imortal foram os "anjos solares" — sejam assim considerados em sentido metafórico. ou em sentido literal. Os mistérios do ego consciente, ou alma hu-

[12] Referência aos simpatizantes da teoria evolucionista de Darwin.

mana, são grandes."

9) "O nome esotérico desses anjos é, literalmente, "Senhores Nath da devoção perseverante e sem fim", *Pranidhâna.*"

10) "Por isso, os (dotados) do quinto princípio (manas) parecem relacionar-se com o sistema dos iogues que fazem o *Pranidhâna*, ...

11) "os ocultistas trans-himalaios os consideram ... idênticos aos que na índia têm os nomes de *Kumaras, Agnishvâttas* e *Barhishads.*"

12) "Quão precisa e verdadeira é a expressão usada por Platão... sobre a alma (humana) ou ego, quando a definiu como "um composto do *mesmo* e do *outro"!* [E como foi pouco compreendida essa alusão, acreditando o mundo que ele queria dizer que a alma é o sopro de Deus, de Jeová!] É ´o mesmo e o outro´... porque o ego — o eu superior, quando imerso na divina Mônada e com a divina Mônada — é o homem, e, entretanto, continua "o mesmo que o outro."

13) "O anjo (solar) nele encarnado é uno com o *Mahat*[13] universal."

14) "Os grandes escritores e filósofos clássicos exprimiam essa verdade, ao dizerem que:
'Deve haver em nós algo que produz os nossos pensamentos, algo de muito sutil; é um sopro; é fogo; é éter; é quintessência; é uma delicada semelhança; é uma inteligência; é um número; é harmonia'."[14]

15) "Todos esses são *Manâsas* e *Rajâsas*; *Kumâras*, *Asuras* e outros Regentes, e *Pitris*, que se encarnaram na Terceira Raça e que, por este e outros meios, dotaram de mente a humanidade."

16) "Há sete classes de Pitris, três incorpóreas e quatro corpóreas; e duas espécies, *Agnishvâttas* e *Barhishads.* Podemos ainda acrescentar que existe uma dupla e uma tríplice categoria de *Agnishvât-*

[13] Mahat (sânsc.) – O grande. Primeiro princípio de consciência e inteligência universais (ou cósmicas). Na filosofia purânica é o primeiro produto da natureza radical ou pradhâna, isto é, o mulaprakriti.

[14] Voltaire.

*tas* e *Barhishads*. Estes últimos, depois de produzirem os seus duplos astrais, *renascem* como *filhos de Atri*[15] e são os "*Pitris* dos Demônios" ou Seres Corpóreos; ao passo que os *Agnishvâttas* renascem como Filhos de Marichi[16], o Filho de Brahmâ, e são os "*Pitris* dos Deuses."

## ANEXO III

Algumas referências, alegorias e comentários sobre o Anjo Solar.

1) A lenda grega de Esquilo, intitulada "Prometeu Acorrentado".

Segundo a mitologia os irmãos Epimeteu e Prometeu receberam a incumbência de criar os seres humanos e todos os animais da Terra e de dar-lhes os recursos necessários para sobreviver. Para os seres humanos Prometeu plasma-lhes uma forma mais nobre e dá-lhes a faculdade de caminhar erguidos. Em seu propósito de fazê-los superiores aos animais, se dirige aos céus e acende uma tocha com o fogo do Sol e, se apossando do fogo divino, o entrega para os homens.

Por isso, Zeus condena Prometeu a ser acorrentado em uma rocha (o homem ainda não espiritualizado) em cima do Cáucaso, onde cada dia (cada encarnação do ser ao qual está preso) uma enorme águia devora seu fígado.

2) Abordagem do Anjo Solar segundo Taimini.

Para Taimini (livro *O Segredo da Autorrealização,* aforismo 14), a causa da mudança em nossos desejos e de ficarmos insatisfeitos com algo no reino da manifestação é a presença de um elemento divino oculto no interior do coração de ser humano. Esse elemento exerce tremenda pressão, embora imperceptível, para recuperar sua natureza original monádica,[17] livre e ilimitada, que foi circunscrita ao interior da consciência humana. Ele é da mesma natureza da realidade última.

[15] Filhos de Atri — uma classe de pitris, os "antecessores do homem", ou os chamados prajâpati progenitores.

[16] Marichi – um dos filhos nascido da mente de Brahmâ.

[17] Talvez por ignorar que a Mônada não atua abaixo do plano mental superior, Taimini atribui a atuação do anjo solar ao nível da personalidade como sendo realizada pela mônada.

A realidade oculta em nosso coração, motiva e guia nossa evolução. Ela é da natureza do fogo e da Luz. Como fogo queima tudo em nosso plano que não seja de natureza da mônada. Como luz da consciência se expande e aumenta a percepção espiritual do indivíduo até fundir-se na luz infinita...

3) Indicações sobre o Anjo Solar no cristianismo.

Nas epístolas paulinas encontramos uma das maiores revelações feitas à humanidade.

> O mistério que esteve oculto desde os séculos e desde as gerações, mas agora foi manifestado aos seus santos a quem Deus quis dar a conhecer entre os gentios as riquezas da glória deste mistério, que é 'Cristo em vós, a esperança da glória'. — (Colossenses I; 26-27).

> Não sabeis que sois um templo de Deus e que o 'Espírito de Deus habita em vós'?" (1Coríntios; 16).

4) A alegoria da Guerra na Planície dos Kurushetras.

Na simbologia do Bhagavad Gita, Krishna é o guerreiro de 'Luz no Caminho', o qual conduz, orienta e leva Arjuna (o combatente "eu inferior") a aceitar e a lutar contra os desmandos e comandos do egoísmo, de modo a habilitar o retorno do "filho pródigo" à casa do paterna, o reino de Deus ou plano espiritual. Onde a própria mônada, e não mais o seu veículo, prossegue, a partir da quarta iniciação, na condução da evolução, através da terceira etapa do sistema evolutivo da cadeia terrestre.

5) O Mestre lamenta o homem desconhecer sobre o Atman.

No versículo 107 de *A Voz do Silêncio* o mestre lamenta a pouca consideração pelos homens da existência dessa entidade em proveito de sua evolução:

> Ah, como é lamentável que todos os homens possuam Alaya [Alma ou *Átman*] e estejam em unidade com a Grande Alma [Mônada ou Pai], mas que, mesmo tendo Alaya, tirem dela um proveito tão pequeno!

6) Referência ao Anjo Solar pelo Mestre K. H. em uma de suas Cartas.[18]

"Você pode esforçar-se para sair do lodo, ou deslizar de volta até as profundezas de vício e miséria... Lembre-se... de que você está diante de seu Atma, o qual é seu juiz, e que nem sorrisos, nem falsidades, nem sofismas podem enganar."

"Você não precisa fazer promessas da boca para fora a Ele ou a mim, nem confissões pela metade. Ainda que... você derrame oceanos de lágrimas e rasteje na poeira, isso não alterará em nada a balança da justiça. Se quiser recuperar o terreno perdido, faça duas coisas: promova a mais ampla, mais completa reparação e dedique suas energias ao bem da humanidade. Tente preencher cada dia com pensamentos puros, palavras sábias, ações amáveis."

7) Comentários do teósofo Vicente Fiumano sobre esta matéria.

Com referência à afirmação da Sra. Blavatsky de que os mistérios do anjo solar ou ego consciente são grandes, Vicente diz que esse era um dos assuntos que não estavam totalmente liberados para o público da época, por ocasião da edição da *A Doutrina Secreta*. Assim, as informações fornecidas em 'A Cosmogênese' nesse sentido carecem de maiores detalhes, motivando-o a acrescentar os comentários a seguir sobre a natureza e a função do anjo solar e sua relação com a mônada, além de outros aspectos já observados no presente texto ou em notas de rodapé.

- Tanto a mônada como o anjo solar são entidades espirituais e não princípios ou matéria. Assim, eles não podem ser veículos de outros seres. Somente princípios ou matérias podem assumir a condição de veículos. exemplo: átma, *budhi* e *manas* são princípios da mônada; os corpos causal, mental concreto, astral e etérico são veículos do ego ou anjo solar.
- A mônada pode sintonizar-se com a vontade em planos de uma entidade superior e colaborar com ela (por exemplo com o logos planetário ao qual ela pertence).

[18] 'Carta a um chela' — Cartas dos Mestres de Sabedoria (Coletânea de Jinarajadasa) , Editora Teosófica, carta n° 24, p. 71.

- O anjo solar pode sintonizar-se com a mônada e colaborar no cumprimento de suas funções e planos inferiores, mas não constitui um veículo da mônada nesses planos.
- Assim, o anjo solar realiza a parte que a mônada não pode executar diretamente sobre a personalidade, pois ela, devido ao seu elevado nível espiritual, não atua diretamente em plano inferior ao mental superior.
- O anjo solar não encarna no homem, ele permanece no corpo causal (presente nos subplanos do mental superior). todo seu trabalho é realizado através do *sutratma* (o fio de átma), que está baseado no *chakra* coronário, produzindo o fenômeno da consciência, e no *chakra* cardíaco, vitalizando a corrente sanguínea, que nutre todas as células do corpo.

Observação – Nas transcrições de textos de *A Doutrina Secreta*, procurou-se manter a grafia e termos originais da publicação da Editora Pensamento, não obstante alguns vocábulos não correspondam devidamente, às vezes, ao conceito que tenta expressar por analogia ou semelhança.

# Medicina e holismo na Grécia Antiga

por Regina Medina[1]

Apesar da existência de tratamentos nas civilizações antigas, como o sistema *ayurvédico*, na Índia, considera-se que a medicina científica, com seu método investigativo de busca, análise e registro, bastante desenvolvido pelo Ocidente, nasceu na Grécia. Inicialmente, com o surgimento de santuários dedicados à cura. No século VI a.C., um século em que surgiram também Buda e Lao Tsé, o culto ao deus (da medicina) Asclépio, ou Esculápio, espalhou-se, estendendo-se por muitos séculos de evolução dos tratamentos e do sucesso nas curas, registradas em textos e através da doação de ex-votos deixados nos santuários. Essa prática continua ati-

[1] Regina Medina Alves V. da Silva é a atual presidente da Loja Conde de Saint Germain da Sociedade Teosófica no Brasil.

va até os dias de hoje, quando as pessoas deixam reproduções do membro ou órgão curado como agradecimento nas igrejas. Asclépio (em ma) foi mencionado primeiramente na Ilíada, de Homero. É descrito como um governante de Tricca e ainda como médico, que havia aprendido sua arte através de Quíron, um centauro especialista na arte da cura. Teria também ensinado a medicina a seus filhos Podalírio e Macaão. É também relatado, através de outras fontes, que seria filho de Apolo com uma mortal, Corônis. Sua mãe teria sido morta pelo deus, irado por ter sido traído pela mulher já grávida, mas que retirou seu filho da barriga da mãe em uma espécie de cesariana e o salvou, entregando-o a Quíron, conta a lenda. Tudo indica que se trata de um personagem real, divinizado ao longo do tempo.

Os santuários já computados são 368, sendo os mais famosos, o de Epidauro[2], no Peloponeso e o de Pérgamo, na Turquia. Há indicações de que igrejas cristãs foram edificadas sobre muitos deles, direcionando a busca da cura para uma outra fé. No início, os tratamentos podem ter ocorrido sob um aspecto mais mágico do que prático, embora o uso de cirurgia voltada para guerreiros feridos e o uso de ervas já fosse bem difundido nos exércitos. Mas ao longo do tempo, o tratamento foi evoluindo e deu origem à base da medicina científica. Havia também práticas semelhantes às que até hoje são utilizadas pela terapia holística e até pelos atuais *spas*, locais onde as pessoas vão para desintoxicar-se e adquirir novos hábitos mais condizentes com a boa saúde. Tal como no holismo atual, o homem é visto como um todo interligado, pois levava-se em conta os fatores físicos, mentais, emocionais e espirituais para que a cura pudesse acontecer.

Havia um local específico para o tratamento, pois o santuário era dedicado a essa finalidade. E o doente era levado a um lugar muito especial, cercado de uma natureza forte e próximo a um manancial de água pura. Epidauro, um destes locais, que foi escavado a partir de 1881, tendo ficado escondido

[2] Para uma ilustração do teatro de Epidauro, que é maravilhoso, poderia incluir-se a informação de que a voz de uma pessoa no centro do palco pode ser ouvida claramente em qualquer lugar do mesmo. Foi reconstruído exatamente igual nos Estados Unidos, mas foi impossível repetir tal perfeição, o que revela o conhecimento dos gregos quanto ao local, a técnica e o material empregado.

abaixo de seis metros do solo, impressiona até hoje. Trata-se de um complexo, o qual poderia ser considerado um hospital, com aposentos para mais de 160 pessoas. A beleza e adequação do local para ajudar na cura impressionam até hoje. Essa importância de uma localização escolhida através de um critério especial poderá vir a ser mais valorizada na medicina futura. Em programa recente sobre cirurgias de coração, apareceu o trabalho de um grande cardiologista indiano, que tratou Madre Teresa de Calcutá e que recebe pacientes de todo o mundo. Seu trabalho impressiona não só pela eficiência, pelo preço mais acessível das cirurgias e pelo sucesso das operações; as salas de cirurgia são envidraçadas e as pessoas são operadas em meio à visão das árvores do bosque onde o hospital encontra-se instalado. Hoje, quem mora nas grandes cidades, sabe a diferença de energia e o bem-estar que surge tão logo deixamos uma metrópole e chegamos a um local onde há árvores, rio, lago, montanha ou mar. A influência na alteração da energia vital é imediata, com um efeito impressionante sobre nosso estado físico, mental e emocional. Há uma sensação de equilíbrio e relaxamento imediata. Problemas que nos preocupavam e oprimiam são dissipados diante da força natural que se impõe.

Os gregos identificaram a natureza pelo nome de *physis*. Era o princípio, o fundamento que contém a realidade de todas as coisas. Tal natureza, ou *physis*, era ao mesmo tempo unitária e diversificada. Os diferentes elementos constitutivos de cada ser produziriam as diferenças. A doença seria assim produzida pelo predomínio de uma das potências ou qualidades sobre a outra. Tal definição descrita por Alcméon de Crotona, fez surgir a base para a medicina científica. E a *physis*, segundo Hipócrates, "é bem instruída por si mesma, sem aprendizagem, faz o que lhe convém". A importância desse conceito foi fundamental para o início da medicina como a conhecemos, pois revela a inteligência da natureza, a qual possui um mecanismo de cura por si mesma.

Mas havia outros aspectos importantes para que a natureza pudesse fazer o seu trabalho e realizar a cura. Incluía também a devoção ao deus Asclépio. O doente chegava ao santuário e sentia-se convidado a buscar a renovação e a transformação para ser atendido pelo deus. Esta mudança, chamada metanóia, deveria acontecer para propiciar a cura. Hoje, cada vez mais, somos levados a compreender que uma transformação em nossa atitude diante da vida e dos problemas, nossa vontade de ajudar na cura, nossas emoções e pensamentos, todos são fatores importantes. Podem ou não ajudar a atingir a meta do restabelecimento.

Ao entrar no santuário, o doente deveria se purificar através de um banho no manancial. A higiene – de Higéia, deusa filha de Asclépio – era muito valorizada. E a água é considerada terapêutica por muitas das tradições antigas, permanecendo tal tradição em Lourdes e outros locais de culto. Após o banho ritual, deveria seguir para o templo. Lá ofereceria um sacrifício e acompanharia o serviço dos sacerdotes, participando de algum tipo de cerimônia. Este aspecto do processo de cura tinha, provavelmente, o sentido da busca de uma conexão espiritual. O paciente deveria inserir-se em um contexto maior, ligar-se espiritualmente ao deus da cura. Esta conexão é buscada até hoje pelos peregrinos que recorrem a templos famosos pela cura. Pesquisas com pacientes religiosos e ateus foram feitas e têm sido divulgadas. E a fé, comprovadamente, tem ajudado na cura, independentemente da fonte a que é dirigida.

O paciente grego lia na entrada do recinto sagrado: "Puro deve ser aquele que entra no templo perfumado. E pureza significa ter pensamentos sadios." Um outro famoso conceito grego é: "Mente sã em um corpo são". Os gregos já sabiam que era necessário cuidar da alimentação, manter a atividade física e cuidar de seus pensamentos e emoções. A higiene, a dieta e os exercícios físicos e disputas atléticas disciplinavam o corpo físico, colocando-o em movimento, e também a mente. Havia um ginásio para esse fim no santuário, da mesma forma que encontramos aparelhos de ginástica em um *spa*. E a mente deveria abrigar pensamentos adequados e positivos, capazes de influir de forma positiva na psique.

A beleza e a arte, características da civilização helênica, não poderiam faltar. Obras de arte, esculturas, decoravam o santuário e o *abaton* (a grande construção que servia de dormitório aos pacientes). Além do templo, da fonte e do *abaton*, a área do santuário poderia incluir termas, belos jardins cultivados, um teatro, um ginásio e uma biblioteca. Fica evidente que tais espaços visavam a uma verdadeira cura holística, envolvendo corpo, mente e emoções. O teatro propiciava a música, a dança, a poesia e as peças teatrais que poderiam promover a *katharsis*, uma mudança real na psique do paciente, através de uma reflexão colocada pela peça teatral, por exemplo. Havia todo um ambiente propício à cura de corpo e da alma. Só não eram admitidos pacientes à morte e mulheres grávidas próximas a dar à luz, pois tais condições profanariam o santuário.

A deusa Higéia estabelecia um método que aponta para o coração e a busca do equilíbrio, enfatizando aspectos que afastariam as doenças. O conceito do *métron*, que significa "a medida para todas as coisas", ou "nunca demais", ou "sempre bem"; ao ser desestabilizado traria sérios problemas. Tal conceito, bastante usado nas tragédias gregas, era muito importante e valorizado; pode ser transposto também para a questão da doença. Sabe-se hoje que o câncer pode ser provocado pela mágoa continuada e não superada e doenças do coração podem estar ligadas a emoções fortes (raiva, por exemplo). A doença pode se originar de um desequilíbrio no todo, e parece que os gregos sabiam disso.

Outra deusa, também filha de Asclépio, é Panacéia (de onde vem o conceito de um remédio que, supostamente, curaria todos os males), o que nos leva à curiosidade sobre o uso de medicamentos na Grécia antiga. Realizavam cirurgias, conheciam as ervas, usavam tisanas (bebida feita da cocção de ervas trituradas), diuréticos e purgantes. Não há evidências da eficácia de tais medicamentos, pois pouco se sabe deles. Entretanto, pílulas de 2000 anos foram achadas em 1989, em um navio grego naufragado na costa da Toscana, Itália, em 130 a.C. Havia uma espécie de caixa de medicamentos, com alguns comprimidos secos, os quais só há pouco foram analisados por botânicos do Instituto Smithsonian, do Museu de História Natural de Washington. Foram identificados nos medicamentos: cenoura, rabanete, aipo, cebola, carvalho, repolho, alfafa, uma erva do hemisfério norte chamada *milefólio* e extrato de hibisco, provavelmente importado da Ásia ou da Etiópia. Portanto, havia medicamentos.

O aspecto mágico acontecia à noite, quando o paciente se recolhia ao silêncio e à escuridão do *abaton*. Poderia sonhar com o deus da cura ou receber conselhos sobre a forma de tratamento que deveria receber, o que seria interpretado pelo sacerdote. Era a *entroimesis*, a "incubação" que seria produzida. Nos dias de hoje, alguém submetido aos métodos do santuário em um retiro atual, ou desfrutando da disciplina e relaxamento de um spa, poderia ter uma revelação interna importante sobre si mesmo, ligada ou não a uma enfermidade ou estado mental e emocional, de onde adviria uma mudança importante para aquela pessoa. Apesar da diferença, seria um processo semelhante, resultado de um conjunto de práticas que hoje identificamos como holísticas.

Os médicos eram os *asclepíades*, sacerdotes descendentes diretos do deus. A medicina era um conhecimento transmitido entre membros da família, e com seus segredos mantidos dentro de um sistema parecido com o das escolas de mistério: sob juramento e com a exigência de um comportamento adequado e irrepreensível. Mas era uma verdadeira escola de medicina, de que ficaram registradas as buscas pela razão das doenças e sua observação constante. Muito dessa medicina grega ficou perdido com o advento do cristianismo e a destruição de tudo que remetia ao mundo pagão; os árabes preservaram alguns textos gregos e os traduziram, o que deve ter ajudado na medicina mais adiantada que levaram para a Europa durante a ocupação da península ibérica, por exemplo.

Hipócrates, o pai da Medicina, foi um *asclepíade*. O compromisso dos sacerdotes médicos com o trabalho era total e sagrado. Uma ética rigorosa os guiava, estando sua força e princípios presentes, até hoje, no juramento do médico. E o juramento continua nos emocionando nas cerimônias de formatura. O símbolo da medicina é o bastão de Asclépio com uma serpente enroscada, não o caduceu de Mercúrio, com o qual é confundido às vezes. Está presente até na bandeira da

Organização Mundial de Saúde. Tal bastão é um símbolo muito antigo e representa um eixo. Já aparecia na Mesopotâmia e até com Moisés. A serpente faz parte de diversas tradições e aparece ligada à deusa mãe na Grécia minoica e no traje da deusa Ixel, da cura, no México. É um ser que representa a regeneração através da troca sucessiva de peles e um elo entre o mundo externo e o mundo subterrâneo, tendo estado presente nos templos gregos mais antigos. Embora nossa medicina tenha evoluído muito e façamos uso de alta tecnologia, é possível aprender muito com a visão completa que envolvia a cura na Grécia. E não há dúvidas de que eram bem-sucedidos, pois a confiança dos gregos nos seus santuários manteve-se do século VI a.C, a V d.C., ao longo de onze séculos.

## Juramento de Hipócrates

"Eu juro por Apolo, médico, Esculápio, Higéia e Panacéia, e tomo por testemunho todas os deuses, todas as deusas, que cumprirei este juramento com o máximo de minhas forças e de minha inteligência. Estimarei, como a meus pais, aquele que me ensinou essa arte; repartirei com eles os meus bens e os ajudarei nas suas necessidades, se preciso for; considerarei seus filhos como meus próprio irmãos e lhes ensinarei a arte, se desejarem aprendê-la, sem retribuição ou promessa escrita, farei participar dos preceitos, das missões e todo o restante ensinamento, os meus filhos, aos do mestre que me ensinou e os discípulos inscritos e aceitos de acordo com a lei dos médicos e a ninguém mais.

Adotarei regimes para o bem dos doentes de acordo com as minhas forças e com o melhor de minha inteligência, nunca para prejudicar ou para fazer o mal a ninguém. Não darei a quem quer que seja, remédio mortal, ainda que seja por ele pedido; não darei conselhos que induzam à destruição; também não darei, a mulher alguma, substância ou objeto destinado a provocar o abortamento.

Manterei a minha vida e a minha arte com pureza e santidade; qualquer que seja a casa em que eu penetre, entrarei para beneficiar o doente; evitarei qualquer ato voluntário de maldade ou corrupção, especialmente sedução de mulheres e de homens, livres ou escravizados, quaisquer que sejam as coisas que eu veja ou ouça, ou fora dela, que não devam ser divulgados, considerarei como segredo.

Referente à vida do homem, em minha assistência aos doentes, penetrando no interior dos lares, meus olhos serão cegos, minha língua calará aos segredos que forem revelados, o que terei como preceito de honra; nunca me servirei de minha profissão para corromper os costumes ou favorecer o crime.

Prometo que, ao exercer a arte de tratar, me mostrarei sempre fiel aos preceitos da honestidade, da caridade e da ciência.

Se eu cumprir este juramento, goze eu a minha vida e a minha arte com boa reputação entre os homens e para sempre; se dele me afastar ou infringi-lo, suceda-me o contrário."

# A ponte entre a ciência e a religião — Entrevista com Amit Goswami [1]

O *Roda Viva* entrevista o físico nuclear indiano Amit Goswami. Considerado um importante cientista da atualidade ele tem instigado os meios acadêmicos com sua busca de uma ponte entre a ciência e a espiritualidade. Amit Goswami vive nos Estados Unidos, é PHD em física quântica e professor titular de física da Universidade de Oregon. Há mais de quinze anos está envolvido em estudos que buscam construir o ponto de união entre a física quântica e a espiritualidade. Já foi rotulado de místico pela comunidade científica e acabou acalmando os críticos através de várias publicações técnicas a respeito de suas ideias. Em seu livro *O Universo Autoconsciente*, publicado no Brasil, ele procura demonstrar que o universo é matematicamente inconsistente sem a existência de um conjunto superior — no caso, Deus. E diz que, se esses estudos se desenvolverem, logo no início do terceiro milênio Deus será objeto de ciência e não mais de religião.

A bancada de entrevistadores será formada por Mário Sérgio Cortella, filósofo e dir. em educação, prof. do Depto. Teologia e Ciências Religião da PUC — SP; Cláudio Renato Weber Abramo, jornalista e mestre em filosofia da ciência; Pierre Weil, educador e reitor da Universidade Holística Inter-

[1] Transcrição completa da entrevista concedida pelo físico Amit Goswami ao programa Roda Viva da TV Cultura, em 12.03.2001, São Paulo — Brasil.

nacional de Brasília; Rose Marie Muraro, escritora e editora; Leonor Lia Beatriz Diskin Pawlowicz, jornalista e Pres.da Assoc. Palas Athena; Joel Sales Giglio, psiquiatra, ex-chefe do Depto.de Psic. Médica e Psiquiatria da Unicamp, analista junguiano da Associação Junguiana do Brasil e membro da International Assossiation for Analitical Psychology; Carlos Ziller Camenietzki, físico, dr. em filosofia e pesquisador do Museu de Astronomia do Ministério da Ciência e Tecnologia.

**Heródoto Barbeiro** (jornalista, apresentador do programa): Dr. Amit Goswami, boa-noite. Inicialmente eu gostaria que o senhor dissesse aos telespectadores da TV Cultura, que ao longo do século XX os cientistas estiveram ligados muito mais ao materialismo do que à religiosidade. A impressão que eu tenho é que nessa virada para o século XXI, essas coisas estão mudando. O senhor poderia nos explicar o porquê dessa aproximação entre a ciência e a espiritualidade?

**Amit Goswami**: com prazer. Essa mudança da ciência, de uma visão materialista para outra espiritualista, foi quase totalmente devida ao advento da física quântica. Ao mesmo tempo, houve algumas mudanças em psicologia transpessoal, em biologia evolucionista, e em medicina. Mas acho que é correto dizer que a revolução que a física quântica causou na física, na virada do século, seria baseada nessas transições contínuas, não apenas movimento contínuo, mas também descontínuo. Não localidade. Não apenas transferência local de informações, mas transferência não local de informações. E, finalmente, o conceito de causalidade descendente. É um conceito interessante, pois os físicos sempre acreditaram que a causalidade subia a partir da base: partículas elementares, átomos, para moléculas, para células, para cérebro. E o cérebro é tudo. O cérebro nos dá consciência, inteligência, todas essas coisas. Mas descobrimos, na física quântica que a consciência é necessária, o observador é necessário. É o observador que converte as ondas de possibilidades, os objetos quânticos, em eventos e objetos reais. Essa ideia de que a consciência é um produto do cérebro nos cria paradoxos. Em vez disso, cresceu a ideia de que é a consciência que também é causal. Assim, cresceu a ideia da causalidade descendente. Eu diria que a revolução que a física quântica trouxe, com três conceitos revolucionários, movimento descontínuo, interconectividade não localizada e, finalmente, somando-se ao conceito de causalidade ascendente da ciência newtoniana normal, o conceito de causalidade descendente, a consciência escolhendo entre as possibilidades, o evento real. Esses são os três conceitos revolucionários. Então, se houver causalidade descendente, se pudermos identificar essa causalidade descendente como algo que está acima da visão materialista do mundo, então Deus tem um ponto de entrada. Agora sabemos como Deus, se quiser, a consciência, interage com o mundo: através da escolha das possibilidades quânticas.

**Rose Marie Muraro**: o que mais me espanta na física é o problema da medição quântica de Heisemberg, que você, realmente, acha que deve ter um observador olhando e que modifica a realidade, por exemplo, transforma a onda em partícula. Eu gostaria de saber(...) isso aí houve uma grande briga de Einstein com Niels Bohr. Eu gostaria de saber, em escala cósmica, onde não há observadores, se há um observador supremo, na sua opinião, e se ele cria matéria ou como se faz esse fenômeno?

**Amit Goswami**: essa é a questão fundamental, Rose Marie, porque qual é o papel do observador? É a pergunta que abre a integração entre física e espiritualidade. Na física quântica, por sete décadas, tentou-se negar o observador. De alguma forma, achava-se que a física deveria ser objetiva. Se dessem um papel ao observador, a física não seria mais objetiva. A famosa disputa entre Böhr e Einstein a que se refere essa disputa, basicamente, sempre terminava com Bohr ganhando a discussão, mostrando que não há fenômeno no mundo a menos que ele seja registrado. Bohr não usou a consciência(...) mas atualmente, vem crescendo o consenso, muito lentamente, de que a física quântica não está completa, a menos que concordemos que nenhum fenômeno é um fenômeno, a menos que seja registrado por um observador, na consciência de um observador. E isso se tornou a base da nova ciência.

É a ciência que, aos poucos, mas com certeza, vem integrando os conceitos científicos e espirituais.

**Cláudio Abramo**: em sua fala inicial, o senhor mencionou, deu como fato, que teria crescido a ideia de que haveria uma causalidade no sentido inverso àqueles do tradicional que se considera, e daí saltou para a afirmação de que isso abriria a porta para a entrada de Deus. A minha pergunta se divide em duas. Em primeiro lugar, essa ideia cresceu aonde? Quem, além do senhor, defende esse tipo de visão de mundo? E dois, o porque Deus entrou aí nessa equação?

**Amit Goswami**: na física quântica há um movimento contínuo. A física quântica prevê isso. Não há dúvida que a matemática quântica é muito capaz, muito competente, e ela prevê o desenvolvimento de ondas de possibilidades, a matéria é retratada como ondas de possibilidades. O modo como elas se espalham é totalmente previsto pela física quântica. Mas agora temos probabilidades de possibilidades. Nenhum evento real é previsto pela física quântica. Para conectar a física quântica a observações reais, embora não vejamos possibilidades e probabilidades, na verdade vemos realidades. Esse é o problema das medições quânticas. E luta-se com esse problema há décadas, como eu já disse, mas nenhuma solução materialista, uma solução mantida dentro da primazia da matéria foi bem-sucedida. Por outro lado, se considerarmos que é a consciência que escolhe entre as possibilidades, teremos uma resposta, mas a resposta não é matemática. Teremos de sair da matemática. Não existe matemática quântica para este evento de mudança de possibilidades em eventos reais, que os físicos chamam de 'colapso da onda de possibilidade em realidade'. É essa descontinuidade do colapso que nos obriga a buscar uma resposta fora da física. O que é interessante é que se postularmos que a consciência, o observador, causa o colapso da onda de possibilidades, escolhendo a realidade que está ocorrendo, podemos fazer a pergunta: qual é a natureza da consciência? E encontraremos uma resposta surpreendente. Essa consciência que escolhe e causa o colapso da onda de possibilidades não é a consciência individual do observador. Em vez disso, é uma consciência cósmica. O observador não causa o colapso em um estado de consciência normal, mas em um estado de consciência anormal, no qual ele é parte da consciência cósmica. Isso é muito interessante. O que é a consciência cósmica diante do conceito de Deus, do qual os místicos e teólogos falam?

**Mário Cortella**: uma questão para o Dr. Amit que é a seguinte: o senhor é originado de uma cultura, que é a cultura da Índia, onde o hinduísmo, como religião, tem uma profusão de deuses ou de divindades, ou de deidades. Alguns chegam a falar em 300 milhões de deidades dentro da religião hindu. De outro lado, seu pai foi um guru brâmane, o senhor tem um irmão que é filósofo. Esta mescla de situações induziu no senhor uma compreensão em relação a um ponto de chegada, na religião, partindo da física, ou o senhor já partiu da religião e, por isso, chegou até a física e supõe que a física quântica é uma das formas de praticar teologia?

**Amit Goswami**: obrigado pela pergunta, porque costumam me perguntar se minha formação como indiano hindu afeta o modo como pratico a física. Na verdade, fui materialista por um bom tempo. Fui físico materialista dos 14 anos de idade até cerca de 45 anos. O materialismo foi importante para mim. Eu trabalhei com ele, filosofei nele, cresci nele. Eu obtive sucesso em física dentro da física materialista. Mas quando comecei a trabalhar no problema da medição quântica, eu realmente tentei resolvê-lo dentro do materialismo. Enquanto todos nós trabalhávamos, falei com muitos físicos que trabalhavam no problema (este é o problema mais estudado da física, um dos mais estudados). E todos tentávamos resolver este paradoxo: se a consciência é um fenômeno cerebral, obedece à física quântica, como a observação consciente de um evento pode causar o colapso da onda de possibilidades levando ao evento real que estamos vendo? A consciência em si é uma possibilidade. Possibilidade não pode causar um colapso na possibilidade. Assim, eu tive de abandonar esse pensamento materialista. Embora fosse interessante, em minha vida pessoal eu sentia necessidade de mudar. Alguns consideraram uma transição de meia-idade, e os dois problemas, crescimento na vida pessoal e o problema da medição quântica, se confundiram, e eu comecei a ver a consciência não apenas como um problema físico, mas também como um problema pessoal. O que é que deixa alguém feliz? Qual é a natureza da consciência da qual as pessoas falam quando se pensa além do materialismo? Então, comecei a meditar e a me aproximar de alguns místicos, e isso ajudou. E um dia, quando falava com um místico, e ele me dava a tradicional visão mística do mundo, que eu já ouvira muitas vezes antes, mas, de algum modo, essa conversa causou uma nova impressão em mim. Eu pude ver, eu realmente vi além do pensamento, tive a percepção de que a consciência é a base do ser, e essa percepção soluciona o problema da medição quântica. Não só isso: pode ser usada como base para a ciência. Normalmente, os cientistas presumem que a ciência deve ser objetiva, etc. Mas eu vi naquele momento que a ciência deve ser objetiva até um certo ponto. Eu chamo de objetividade fraca, mas isso pode ser alcançado nessa nova metafísica. Consciência é a base de todos os seres. Então, para mim, foi o contrário, eu fui da física para a espiritualidade, sob o aspecto da física. Porque minha formação espiritual, embora em retrospecto, eu possa dizer que foi saudável, deve ter sido, como Freud diria, no subconsciente. Mas conscientemente foi o oposto. Eu vim de uma questão muito inquietante, de como resolver um problema físico, um problema do mundo, pois esse é o problema mais importante do século XX. E a partir disso, esse salto conceitual, esse salto quântico perceptivo me fez reconhecer que o modo como espiritualistas vêem a consciência é o modo certo de ver a consciência. E esse modo de ver a consciência resolve o problema da medição quântica. Ele nos dá a base para uma nova ciência.

**Carlos Ziller**: eu gostaria de fazer uma pergunta, dando um passo mais atrás no sentido da própria física clássica. Porque nós sabemos, hoje em dia, que os fundadores da física clássica, Newton, Descartes e outros grandes cientistas do século XVII, para eles, para os projetos científicos que propunham, Deus era uma parte constitutiva inseparável do mundo que eles imaginavam, seja como sendo quem garantia a eficácia, eficiência, o funcionamento das leis do mundo, seja como alguém que operava os próprios fenômenos naturais. Bom, isso foi sendo afastado, expulso do mundo da ciência ao longo do século XVIII, século XIX ou século XX, talvez, até os anos 50 tenha sido o ápice dessa questão, os cientistas, os físicos, sobretudo, não gostavam totalmente nada de falar sobre esse assunto. Deus era um problema. Talvez o seu estudo e a sua reflexão estejam tentando recolocar no seu próprio lugar, pelo menos foi assim que eu interpretei, algumas ideias do próprio século XVII, dos fundadores da ciência moderna. Eu gostaria de saber se essa aproximação do Deus do Newton, o que garantia que as leis naturais funcionavam, se esse Deus tem algum paralelo com a consciência, supraconsciência que o senhor propõe como sendo o princípio a partir do qual os fenômenos do mundo, a realidade estaria constituída?

**Amit Goswami**: é uma pergunta muito boa. Os conceitos da física clássica, no início, não separavam Deus, como disse, mas então, aos poucos, descobriu-se que Deus não era necessário. Depois que Deus estabeleceu o movimento do mundo, ele passou a ser guardião de seu jardim, e isso é o que a maioria dos físicos clássicos pode fazer. Mas na física quântica, há o problema da medição. Como as possibilidades tornam-se eventos reais, temos espaço para uma consciência, e ela deve ser uma consciência cósmica. Há uma semelhança com o modo como Deus é retratado, pelo menos na subespiritualidade tradicional, não na mente popular. A mente popular considera Deus um imperador, um super-humano sentado no céu. Essa imagem de Deus não é científica, e espero que esteja claro que não estamos falando em Deus dessa forma, mas Deus nessa consciência mais cósmica, nessa forma mais estrutural. Esse tipo de Deus está retornando porque, se você se recorda, o debate entre teólogos e cientistas sempre foi: Deus é o guardião ou Deus intervém? Teólogos afirmam que Deus intervém nos seres biológicos. E então surgiu Darwin. Foi um grande golpe nos teólogos, porque antes, apesar de Newton, os teólogos podiam citar o exemplo da Biologia, cujo propósito é muito óbvio, pelo menos, óbvio para a maioria. Mas a teoria de Darwin foi um golpe porque se dizia que a evolução ocorria, mas ela era natural? Darwin disse que ela era natural. Oportunidade e necessidade. Não há necessidade de Deus na evolução e não há necessidade de Deus na biologia. Então, no século XX, surgiu o behaviorismo e a ideia de que temos livre-arbítrio subjetivo. Essa ideia também foi superada, porque experimentos mostraram que somos muito condicionados, não há livre-arbítrio. Contra tudo isso, vejam só, a física quântica também cresceu ao mesmo tempo que o behaviorismo, e a física quântica tem uma coisa peculiar: o princípio da incerteza. O mundo não está determinado como imaginamos. Deus não é o guardião. O princípio da incerteza levou à onda de possibilidades, depois o colapso da onda de possibilidades para a introdução da ideia do colapso da consciência. Paradoxalmente, fomos criados contra essa ideia, mas nos anos 90, eu, Henry Stab, Fred Allan Wolf, Nick Herbert, todos mostramos que esse paradoxo pode ser resolvido. Não há paradoxo se presumirmos que a consciência que causa o colapso da onda de possibilidades em eventos reais é uma consciência cósmica. E o evento do colapso em si nos dá a separação matéria-objeto do mundo. Assim, não só resolvemos o problema da medição quântica como também demos uma nova resposta de como a consciência de um torna-se várias. Como ela se divide em matérias e objetos, para poder ver a si mesma. E essa ideia de que o mundo é um jogo da consciência, um jogo de Deus, que é uma ideia muito mística, voltou à tona. Então, podemos voltar à biologia. Deus intervém na biologia? Deus intervém na vida das pessoas? Essas perguntas continuam tendo respostas muito positivas. Vi em um jornal sobre biologia evolucionista que há muitos furos conhecidos na teoria darwiniana. Esses furos são chamados sinais de pontuação. A teoria da evolução de Darwin explica alguns estágios homeostáticos da evolução, ou seja, como as espécies adaptam-se a mudanças ambientais. Mas não explica como uma espécie torna-se outra. Essa especiação, mudança de uma espécie em outra, é uma nova mudança na evolução, não está na teoria de Darwin. Experimentalmente, isso é demonstrado em lacunas de fósseis. Não temos uma continuidade de fósseis mostrando como um réptil tornou-se um pássaro. A ideia é que sejam sinais de pontuação, estágios muito rápidos de evolução. Eu sugiro que isto seja um salto quântico, um salto quântico na evolução. Nesse salto quântico, a consciência interveio, não de um modo subjetivo, de um modo caprichoso, mas de um modo muito objetivo(...) muito objetivo, e essas ideias objetivas ficam claras com o trabalho de Rupert Sheldrake e outros, o modo como isso pode ser objetivo. Mas, sem dúvida alguma, há uma intervenção da causalidade descendente. Não se pode explicar a biologia evolucionista só com a causalidade ascendente. Essa é a coisa mais interessante, a partir do pensamento original dos físicos de que Deus deve ser o guardião, pois tudo pode ser explicado e tudo é determinado, que não precisamos de Deus. Agora, estamos fechando o círculo e vemos que não só precisamos de Deus: há movimentos descontínuos no mundo para os quais não existe explicação matemática ou lógica. Ainda assim, é totalmente objetivo, não é arbitrário. Deus age de forma objetiva, bem definida. A consciência cósmica não é subjetiva, não é a consciência individual que afeta o mundo. Isso ocorre de forma cósmica, podemos discutir objetivamente. A ciência detém seu poder, sua objetividade e, ainda assim, temos agora a descontinuidade, temos a interconectividade e podemos falar sobre vários assuntos dos quais os místicos tradicionalmente falam.

**Pierre Weil**: durante essa discussão eu me coloquei como educador do ponto de vista do telespectador, e estou um pouco com medo de que alguns já desligaram o aparelho diante do alto nível científico do debate, que é necessário e indispensável. Eu queria ressaltar a importância da sua presença aqui em termos mais simples. Para o telespectador, tem telespectadores que acreditam em Deus, acreditam em espiritualidade e tem outros que não acreditam em Deus, não acreditam, são os materialistas versus os espiritualistas. Entre os dois têm os que não sabem ou os que nem se interessem para isso. Nessas três categorias, a sua presença aqui tem uma importância muito grande. Ela tem uma importância porque, nesse século que passou, nós estivemos assistindo a três grandes movimentos: o primeiro movimento, em que muitos espiritualistas, muitas pessoas que acreditavam em Deus, abalados pelas "provas", pelas evidências da ciência, largaram a religião e só acreditaram na matéria. E nisso foram até muitos sacerdotes de várias religiões. Largaram a batina, largaram a sua fé e se transformaram em protagonistas do materialismo. Estamos assistindo atualmente a um movimento contrário. Eu tenho, por exemplo, dois amigos meus, um, Matew, grande biólogo francês, largou a biologia e hoje ele é monge budista tibetano. O outro era astrofísico, colega seu, largou a astrofísica e hoje ele é rabino. Então estamos assistindo a um movimento contrário. A sua presença aqui apresenta uma terceira saída, e que me parece a mais conveniente e a mais razoável, a mais holística, que é a minha também. A sua, como física quântica, fez com que, vindo do materialismo, não caísse no extremo do espiritualismo, mas integrou os dois. Eu fiz isso também como psicólogo, através da psicologia transpessoal(...) o senhor através da física quântica, eu, através da psicologia transpessoal; e nos encontramos muito bem e nos abraçamos o tempo todo. A minha pergunta é uma pergunta pessoal: poderia contar para os telespectadores, em termos mais simples, o que fez com que Amit Goswami ficasse no meio do caminho e fizesse um encontro dentro dele, da razão da física, da razão materialista e do, outro lado, da intuição? Falou nos seus amigos místicos, mas pela minha experiência eu sei que a segurança pela qual eu falo, não é apenas racional, ela é baseada numa experiência chamada interior, chamada subjetiva, chame como quiser, de luz, e de saber mais ou menos como que é esse mundo espiritual. Qual é a sua experiência que fez com que unisse, na sua pessoa, o lado masculino, racional, e o lado feminino, intuitivo, sentimental? O que aconteceu com a sua pessoa? Eu acho que isso nos vai reconciliar com os telespectadores.

**Amit Goswami**: sim, obrigado. Esta é a questão fundamental. Às vezes, eu digo que todos nós, todas as pessoas, espectadores, cientistas, o orador, todos aqui, todos nós temos dois lados. Um é semelhante a Newton, que quer entender tudo em termos de objetividades, ciências e matemática, e o outro é William Blake, que é místico e ouve diretamente, intuitivamente, e desenvolve seu retrato do mundo baseado nessa percepção intuitiva. O que ocorre nessa integração, o que ocorreu por um tempo, mesmo antes de essa integração começar, é que começamos a entender a natureza da criatividade. E a falsa ideia de que cientistas só trabalham com ideias racionais e matemáticas, está caindo aos poucos. Einstein disse isso muito claramente: "Não descobri a teoria da relatividade apenas com o pensamento racional". As pessoas não levam a sério tais declarações. Mas Einstein falou sério. Ele sabia que a criatividade era importante. Agora, quase cem anos de pesquisas sobre criatividade estão mostrando que os cientistas também dependem da intuição. Eles também dependem de visões criativas para desenvolver sua ciência. Nem tudo é racional, matemático; nem tudo é pensamento racional. Você perguntou sobre minha experiência pessoal. Eu já compartilhei a experiência fundamental pessoal que tive quando troquei(...) nem devo dizer que troquei, eu tive uma percepção. Não a posso descrever em termos de espaço-tempo. Eu estava fora do espaço-tempo, experimentando diretamente a consciência como a base do ser. É esse tipo de experiência que dá a base para ficarmos convencidos, para termos certeza de que a realidade é algo mais do que o espaço-tempo no mundo em movimento faz parecer. Este é o escopo fundamental para o ponto de encontro dos cientistas e espiritualistas. Porque os espiritualistas ouviram esse chamado, essa intuição, muito antes. Os cientistas também a ouviram. Mas por eles sempre expressarem suas percepções em termos de lógica, em termos de razão, isso ocorre mais tarde. Eles esquecem a origem de seu trabalho, a origem de sua percepção. Já para os espiritualistas, a percepção leva à transformação do modo de vida. Assim, eles nunca esquecem que foi a intuição que trouxe a felicidade, foi ela que os fez quem são. Essa é a diferença. Cientistas usam a intuição para desenvolver sistemas que estão fora deles, o que chamo de criatividade externa. E isso torna-se uma camuflagem dos verdadeiros mecanismos do mundo para eles. Enquanto espiritualistas mantêm-se com a percepção, mudam suas vidas, e incidentalmente, mudam o mundo externo. Mas eles sabem que aquela percepção que tiveram é a coisa fundamental que gere o mundo. Para eles, a consciência é cósmica, isto é algo determinado. Para os cientistas, a mesma descoberta é possível, mas eles ignoram o chamado e prestam mais atenção ao que ocorre no cenário externo. Acho que, se todos nós compartilharmos isso, o mundo poderá mudar. Agradeço pela pergunta. Estou disposto a compartilhar: escrevi um livro sobre criatividade, no qual conto minhas histórias pessoais. Em todos os meus livros conto minhas histórias pessoais. É importante compartilharmos nossas histórias pessoais, e acabar com o mito de que os cientistas são apenas pensadores racionais. Eles também têm percepções que vão muito além do pensamento racional.

**Heródoto Barbeiro**: Dr. Goswami, o senhor falou muito em Deus durante a primeira parte deste programa e, aqui no Ocidente, quando se fala em Deus, se imagina que exista o seu contraponto. E aqui no Ocidente se dá uma série de nomes a ele. Eu gostaria de saber como é que o senhor explica essa(...) se o senhor concebe a existência desse contraponto, dessas outras forças que não são necessariamente Deus.

**Amit Goswami**: essa questão de Deus contra o mal é interessante. Segundo a visão da física quântica, existem as forças da criatividade e as forças do condicionamento. Não falamos muito sobre isso, mas eu defendo a ideia que a física quântica nos dá de que é a consciência cósmica que escolhe entre as possibilidades para trazer à realidade o evento real que ocorre. A questão é: então temos de entrar nesse estado incomum de consciência, no qual somos cósmicos, no qual escolhemos e, então(...) como entrar nessa consciência individual na qual somos uma pessoa? Na qual temos personalidade e caráter? Ao trabalharmos com a matemática disso, descobrimos que essa condição ocorre porque todas as nossas experiências aparecem após serem refletidas no espelho da nossa memória, muitas vezes. É essa memória que causa o condicionamento. Uma propensão a agir do modo como já agi antes. Uma propensão para responder a estímulos do modo como já respondi antes. Todas as pessoas sabem disso. Elas passam a manhã no cabeleireiro e o marido volta para casa e diz: "O que há para o almoço?", sem notar o novo penteado da esposa, o que é muito irritante, tenho certeza. Mas esse condicionamento é o que nos torna indivíduos. Então, a questão é que, na física quântica, vemos claramente o papel da consciência cósmica, que eu chamo de "ser quântico", no qual há criatividade, há forças criativas. E então perdemos essa criatividade, ficamos condicionados. E o condicionamento nos faz parecidos com máquinas. Assim, o mal maior que a nova ciência nos traz é o condicionamento. Pois é ele que nos faz esquecer a divindade que temos, o poder criativo que temos, a força criativa que realmente representa o que buscamos quando invocamos Deus. Mas isso também está incompleto. Essa questão pode ser estudada mais a fundo e há um escopo maior, trazendo ideias como emoções negativas e positivas. Assim, teremos uma exposição maior do bem contra o mal. Mas, de fato, a consciência cósmica inclui tudo. Esse é o conceito esotérico, não tanto exotérico, mas esotérico, por trás de todas as religiões, de que há apenas Deus, e que o bem e o mal são uma divisão, uma necessidade da criação, mas não é fundamental, ou seja, o diabo não é igual a Deus; o diabo é uma criação subsequente. É útil pensarmos em termos de bem e mal; mas, às vezes, é preciso transcender isso, é preciso perceber que Deus é tudo. Esse é o cenário que a física quântica defende.

**Joel Giglio**: Dr. Amit, eu sou psiquiatra, analista junguiano, formado pela Associação Junguiana do Brasil, e tenho muitas perguntas a fazer ao senhor. Mas em vista do tempo e dos objetivos desse programa, vou me centrar numa delas. Eu pensei muito, quando li seu livro, em questões que ainda são incógnitas à nossa prática psicoterápica. A questão do *insight*(...) O *insight* nós não sabemos, em psicoterapia, quando ele vai acontecer, como vai acontecer. Ele simplesmente aparece e quase que do nada, embora a gente intua que o insight vá aparecer. A questão da criatividade(...) a questão da sincronicidade(...) mas eu gostaria de fazer uma questão sobre os arquétipos. O senhor menciona no seu livro ideias de arquétipos de objetos mentais. Cita Platão e cita Jung, que é o criador da psicologia analítica, setor da psicologia onde eu me situo. A questão que tem me perturbado muito é: os arquétipos evoluem, embora eles estejam fora do eixo espaço-tempo? Alguns autores dizem que está havendo uma evolução dos arquétipos. Quem fala isso, por exemplo, é Sheldrake, que o senhor mencionou há pouco e que não é psicólogo, é biólogo, mas que tem uma visão diferente dentro do campo da biologia. Como é que a teoria da física quântica explicaria, supondo que os arquétipos evoluem, a evolução dos próprios pensamentos arquetípicos, por exemplo, a evolução do arquétipo de Deus, se é que ele está evoluindo ou não. Essa questão(...) e muitos outros arquétipos, nós supomos que estejam evoluindo sem anularem os arquétipos anteriores.

**Amit Goswami**: obrigado pela pergunta. Sou um grande seguidor de Jung. Acho que Jung foi dos precursores da integração que está ocorrendo agora. Nos meus primeiros textos, eu citava muito a afirmação de Jung de que, um dia, a física nuclear e a psicologia se unirão. E acho que Jung ficaria satisfeito com esta conversa e, em geral, com a integração da física e da Psicologia transpessoal que vemos hoje. Isso posto, acredito no conceito de arquétipo de Jung, e acho que o modo como Jung o apresentou, e Platão o apresentou, de que são aspectos eternos da consciência, contextos eternos da consciência(...) a consciência tem um corpo contextual no qual os arquétipos são definidos e, então, eles governam o movimento do nosso pensamento. Acho que é um conceito muito poderoso. Mas, ao mesmo tempo, na física quântica, existe a ideia de que todos os corpos de consciência, tudo o que pertence à consciência, inconsciência, são possibilidades. E por causa disso, por tudo ser possibilidade, surge a questão: alguém pode ir além de arquétipos fixos e considerar arquétipos evolucionistas? Não se pode descartar o que Rupert tenta dizer. Houve uma ideia semelhante, de Brian Josephson, um físico que publicou um trabalho na *Physical Review Letters*, revista de grande prestígio, dizendo que as leis da física podem estar evoluindo. Da mesma forma, outras pessoas, cientistas muito sérios, sugeriram que, talvez, forças gravitacionais mudem com o tempo. Essa ideia de arquétipos fixos é uma ideia muito importante. Eu a apoio totalmente. Mas também vejo que na física quântica há espaço para a evolução dos arquétipos. Não devemos descartar totalmente ideias que dizem que arquétipos evoluíram. Ainda seremos capazes de determinar isso experimentalmente. Obrigado pela pergunta.

**Lia Diskin**: o senhor manifesta certo interesse pelas questões éticas, grande parte do final de sua obra se dedica a essa questão. O senhor nos disse que há necessidade da participação da ambiguidade para dar garantias de criatividade no campo ético. Entretanto, no mesmo contexto, nos fala imediatamente das linhas e instruções éticas numa obra monumental da tradição indiana que se chama *Bhagavad Gitâ*. E o Bhagavad Gitâ se inicia pelo pressuposto da instrução do mestre para um discípulo, de que ele deve agir, de que ele deve entrar no combate, que ele deve assumir sua parte de ação, porque pertence a uma casta, a uma tradição de guerreiros em que há ação própria. Como fica o livre-arbítrio, como fica a ambiguidade como necessidade da criatividade dentro de um contexto de que existe um pressuposto, obviamente não ambíguo e não escolhível, que não pôde escolher? O que fazer(...) mas se está cominado a fazer, está cominado a agir? Como será isso, Professor?

**Amit Goswami**: acho que essa também é uma pergunta muito difícil, muito sutil. Realmente, se considerarmos a ética compulsória, não parece haver escolha. Mas a ética não é tão definida: é muito ambígua. Lembro de uma história que o grande filósofo Jean-Paul Sartre contava. Suponha que você vá em uma expedição de natação, ou melhor, de barco, e o barco afunde. Você está com um amigo, você sabe nadar, mas ele não. Mas você não é muito forte. Se tentar salvá-lo, os dois podem morrer. Você tem uma boa chance de se salvar, mas ama seu amigo e seu dever ético com ele está muito claro. O que fazer? Casos assim mostram claramente que há ambiguidade mesmo em decisões éticas, em decisões morais. Na física quântica, é muito claro que devemos esperar, e esperar pela intuição, ver se há um salto quântico, uma resposta criativa como você a chama, se uma resposta criativa irá surgir. E é essa resposta criativa que é a resposta correta para solucionar essa ambiguidade em questões éticas. Quando a moralidade ou a ética são apresentadas como um conjunto de regras, e as pessoas seguem essas regras, elas perdem essa parte ambígua e, por causa disso, as regras perdem o sentido. Passa a ser um conjunto de regras inútil, sem vida. Mas, se considerarmos a ética com vida, e reconhecermos que temos um papel a desempenhar em todas as situações éticas, temos um papel a desempenhar em termos de irmos para dentro de nós, como as pessoas criativas fazem, combatendo isso, combatendo a ambiguidade. Então, o salto quântico da percepção virá e vai nos permitir tomar a ação correta. É nisso que a física quântica está nos ajudando, é nessa conclusão que ela está nos ajudando. E acho que Sartre também buscava essa resposta porque a ética fixa é uma coisa impossível de se seguir.

**Cláudio Abramo**: eu vou, infelizmente, ter que me estender ligeiramente na minha pergunta. Ela é precedida de uma declaração(...) Vou fazer uma interpretação do que foi declarado até agora, que eu acho que deve ser útil para os telespectadores. Não estou fazendo isso para me expor, mas para esclarecer o que me parece ser algumas questões importantes nesse debate para o telespectador. O entrevistado faz menção a fenômenos inexplicados, a fenômenos desviantes entre diversas disciplinas. Começa com a física, passa pela biologia, faz referência a problemas seculares com respeito à consciência humana, ao livre-arbítrio, ao modo como raciocinamos, ao modo como chegamos a conclusões, menciona casos como, por exemplo, Einstein declarando, como tantos outros cientistas, que não sabe muito bem como chegou a uma conclusão. Poincaré, antes dele, havia escrito muito sobre isso(...) Poincaré era uma matemático, o último grande matemático universalista francês(...) ele morreu no começo desse século (XX). Bom, esse tipo de anedota é completamente comum na ciência. Não há nenhuma originalidade nisso. Esse gênero de anedota, repito, fenômenos inexplicados que são característicos da ciência(...) a ciência quanto mais sabe, menos sabe(...) quanto mais a ciência sabe, quanto mais fenômenos são explicados, mais avenidas de desconhecimento se abrem. Um cientista diz "não sei" o tempo todo. Um não cientista explica tudo, porque sempre tem uma resposta do tipo "todo abrangente" como é essa resposta. O fato de se ter isso, para os telespectadores entenderem, o fato de se formular uma pseudoexplicação a respeito de como o universo funciona não dá a essa explicação, foros de verdade. Simplesmente declarar coisas não confere verdade ao que se declara. Agora, no que o senhor declara existe uma característica que eu acho bastante preocupante ou pelo menos intrigante, vinda de alguém conhecido aqui como físico, como o senhor declarou(...) o senhor foi(...) o senhor foi físico. O senhor diz, em primeiro lugar, que aquilo que seria essa intervenção de uma consciência cósmica, não é matematizável, quer dizer, isto não é introdutível dentro da teoria física na forma como a teoria física aceita as suas ideias. Não existe outra maneira de introduzir na física ideias senão a matemática. Não existe(...) não é possível, não é física(...) se é não matematizável, não é física . Muito bem, então esta ideia de consciência cósmica não é física, quer dizer, certamente nenhum físico aceitará isso. Em segundo lugar, ela também, já que se está falando de alguma coisa que existe no mundo, que é uma consciência cósmica que se reflete na consciência das pessoas e faz as pessoas fazerem saltos quânticos(...) o senhor não vai usar esse termo, mas saltos quânticos em direção à solução de problemas(...) onde é que estão as evidências empíricas disso? Onde estão as experiências que levam a esse tipo de conclusão? Porque ou a gente pode ter conhecimento do mundo que seja muito estruturado, como no caso da física ou conhecimento do mundo pouco estruturado. Não existe uma teoria, não existe um conjunto de ideias muito organizado por trás, mas sabemos empiricamente que são verdadeiras ou parecem verdadeiras. Onde é que estão as evidências empíricas e onde está o raciocínio, eu diria, desculpe a palavra, científico, que o leva a declarar que existiria uma consciência cósmica que estaria governando tudo e resolvendo todos os problemas aqui, da biologia, da psicologia?(...) O senhor afirma que estas suas ideias explicariam o problema da biologia evolucionista dos *gaps* na criação de espécies, por exemplo. O senhor não acha ambicioso demais e, repito, onde é que estão as evidências empíricas disso?

**Amit Goswami**: boa pergunta. Pergunta muito boa. Precisamos sempre fazer esta pergunta: onde está a evidência? Falarei da evidência mais tarde. Antes, responderei à pergunta: a física é matemática? Ela deve ser totalmente matemática? Essa é uma crença que cresceu gradualmente na física, por causa do sucesso da matemática para expressar a física. Há duas coisas que devemos lembrar. Primeiro, não há motivo para a física ser matemática. Às vezes os filósofos levantam essa questão. Nancy Cartwright escreveu um livro: *Why do laws of Physics Lie*. Ela estava argumentando que não há provas dentro da filosofia materialista de que a matemática deve governar as leis da física. De onde vem a matemática? Pessoas como Richard Feynman, grande físico, Eugene Bigner, todos estudaram a questão. E não há resposta dentro da filosofia materialista. Platão tem uma resposta: a matemática molda a física porque surgiu antes da física, faz parte do mundo arquetípico que discutimos. Assim, o idealismo de Platão é fundamental para entender o papel da matemática na física, em primeiro lugar. A física em si precisa de algo além da matéria, ou seja, da matemática e de arquétipos para ser uma ciência consistente. É preciso se lembrar disso. O segundo aspecto da questão é o mais importante. Na física quântica, procuramos insistentemente uma forma matemática de encerrar a mecânica quântica. Uma forma matemática para entender a medição quântica. Não fomos capazes. Niels Bohr demonstrou para Erwin Schrödinger, há muito tempo, quando a mecânica quântica estava sendo desenvolvida. Schrödinger achou que tinha obtido a continuidade e Bohr provou o contrário e o convenceu disso. E Schrödinger disse: "Se eu soubesse que essa descontinuidade, saltos quânticos, iriam permanecer, eu nunca teria descoberto a mecânica quântica". Bohr disse: "Estamos felizes que tenha descoberto". Essas descontinuidades vão continuar existindo, não há explicação matemática, e por não haver explicação matemática, portanto, há espaço para o livre-arbítrio. O livre arbítrio, Deus, consciência, colapso, tudo isso entrou para a física porque atingimos o conhecimento, a sabedoria, de que existe o princípio da incerteza, existem a probabilidade e possibilidades. E por existirem probabilidade e possibilidades, deve haver um agente que causa o colapso das possibilidades em eventos reais. E esse agente não pode ser matemático porque, se for, não poderá haver livre-arbítrio: seria determinista. Mas não é determinista. O princípio da incerteza é fundamental. Assim, nós chegamos à conclusão, após décadas de lutas nós conseguimos(...)

**Cláudio Abramo**: quem é "nós".

**Amit Goswami**: "nós" quer dizer que há um consenso entre cientistas(...)

**Cláudio Abramo**: há um consenso a respeito de suas ideias?

**Amit Goswami**: não a respeito de minhas ideias. Esqueça as minhas ideias. Mas há um consenso de que não há solução matemática para o problema da medição quântica. Nisso, chegamos a um consenso. E por não haver uma solução matemática para isso, e por haver uma solução consistente em termos de consciência causando colapso de possibilidades quânticas em realidade, podemos falar sobre essas ideias publicamente. Quanto à segunda pergunta: Há evidência empírica? Acontece que os dois aspectos fundamentais da nova física, a consciência causa o colapso da possibilidade em realidade, e o segundo, que essa consciência é uma consciência cósmica, os dois aspectos foram confirmados por dados empíricos. Antes, darei os dados para o segundo, porque é o mais simples para o espectador. O primeiro é um pouco difícil. Talvez possamos incluir os dois. O primeiro experimento é muito importante porque já foi aplicado. Em 1993 e 1994, o neurofisiologista mexicano Jacobo Greenberg Silberman, ele e seus colaboradores fizeram um experimento no qual havia dois observadores meditando por 20 minutos, com o propósito de terem comunicação direta. Comunicação direta no estilo de não localidade. Sinais não locais ocorrendo entre eles, e ainda assim eles teriam comunicação. Certo, eles meditaram juntos. Pediu-se que mantivessem o estado meditativo durante o resto do experimento. Mas, então, um deles é levado para outro recinto. Eles ficam em câmaras de Faraday, onde não é possível a comunicação eletromagnética. Os cérebros deles são monitorados. Uma das pessoas vê uma série de *flashes* brilhantes, o cérebro dele responde com atividade elétrica, obtém-se o potencial de resposta muito claro, picos muito claros, fases muito claras. O cérebro da outra pessoa mostra atividade, a partir da qual se obtém um potencial de transferência que é muito semelhante em força e 70% idêntico em fases ao potencial de resposta da primeira pessoa. O mais interessante é que, se você pegar duas outras pessoas, duas pessoas que não meditaram juntas ou pessoas que não tinham a intenção de se comunicar, para elas não há potencial de transferência. Mas para pessoas que meditam juntas, invariavelmente, muitas vezes, um em cada quatro casos, obtemos o fenômeno de potencial de transferência. E Peter Fenwick, na Inglaterra, há dois anos, confirmou isso, repetindo o experimento. Assim, temos evidência empírica. Se tivéssemos tempo, e você tivesse paciência, eu poderia lhe dar inúmeros dados. Outro dado que é muito interessante: considere o caso de geradores de números aleatórios. Eles são realmente aparelhos quânticos, pois eles pegam eventos radiativos, que são aleatórios, e os convertem em sequências de números, sequências de zeros e uns. Em uma longa cadeia, deve haver número igual de zeros e uns. É o que se espera da sequência aleatória. Helmut Schmidt, um físico que pesquisa parapsicologia, tenta há quase 20 anos fazer com que médiuns influenciem os geradores de números aleatórios para gerarem sequências não aleatórias, mais zeros que uns. E ao longo dos anos ele conseguiu boas evidências de que, até certo ponto, os médiuns conseguem fazer isso. Um resultado com um grande desvio. Isso ainda não tem nada a ver com física quântica, mas recentemente, em um trabalho publicado em 1993, Schmidt retratou uma modificação revolucionária desses dados. O que ele fez, recentemente, é que o gerador de números aleatórios, os dados do gerador de números, a sequência, é armazenada num computador, ela é impressa, mas ninguém olha. Os dados impressos são fechados num envelope e enviados para um observador independente. Três meses depois, o observador, sem abrir o envelope, escolhe o que quer ver, mais zeros ou mais uns. Tudo segue um critério. Então ele liga para o pesquisador, o pesquisador diz ao médium para olhar os dados e pede a ele para mudar os resultados, influenciá-los, se puder. E o médium tenta produzir mais zeros, se esse for o desejo do observador. E então, o observador abre o envelope e verifica se o médium conseguiu. E a incrível conclusão é (é um resultado sério, não é fácil contestá-lo) que o médium, em 4 de cada 5 tentativas, consegue mudar os números aleatórios gerados pelo aparelho, mesmo após três meses. Este mito de que o pensamento causa o colapso de si mesmo, que o colapso é objetivo, sem que o observador consciente as veja, é apenas um mito. Nada acontece, tudo é uma possibilidade até que o observador consciente veja. Numa experiência controlada, as pessoas intervieram. As pessoas viram, sem contar a ninguém, viram os dados, a impressão. Nesses casos, o médium não influenciou os dados. Está claro que a consciência exerce um efeito, exatamente como Bohr suspeitava, como Newman suspeitava. Agora estamos fazendo teorias mais completas e experimentos mais completos baseados nessas teorias. Henry Stab colaborou com todas essas ideias que apresentei, consciência causando o colapso de funções quânticas em eventos reais. Ele participou do experimento com Schmidt. Então, estamos vendo uma mudança revolucionária na física, não menos revolucionária do que a acontecida com Copérnico. Claro que haverá reações, como a que apresentou, e temos de ser muito pacientes, calmos, e trabalharmos juntos para superar essas tendências contrárias. Mas temos a certeza de que existe algo que todos devemos olhar. Isso é revolucionário, é novo e pode mudar, como já discutimos, as dificuldades com valores que a sociedade vem enfrentando. Não vamos nos preocupar em como pode ser, mas vamos olhar os dados, olhar a teoria e perguntar: pode ser? Se pode, que oportunidade fantástica temos para integrar todos esses movimentos díspares de consciência que nos separaram por tanto tempo.

**Heródoto Barbeiro**: ele é autor também do livro *O Universo Autoconsciente — Como a Consciência Cria o Mundo Material*. Dr. Goswami, dentro dessas explicações que o senhor nos deu até agora, como fica a questão da reencarnação e da preservação dessa consciência dos seres humanos?

**Amit Goswami**: a questão da reencarnação, provavelmente, é a pergunta mais radical que pode ser feita. E é impressionante que a física quântica nos permita dar uma resposta afirmativa. Eu mesmo fiquei tão surpreso quanto qualquer um, com isso(...) No início, quando me perguntavam isso, eu me recusava a discutir. Mas então, eu acordei de um sonho, e, basicamente, o sonho me dizia(...) eu ouvi isso no sonho: *O Livro Tibetano dos Mortos* está certo e seu trabalho é provar. Após acordar desse sonho, eu passei a encarar reencarnação com seriedade. Basicamente, o problema com a reencarnação é este: o corpo físico morre, e o que resta? Se a consciência é a base do ser, vem a ideia de que o que resta é a consciência. É a primeira pista. A segunda pista é que tudo é possibilidade, no modo quântico de ver as coisas. Então, não é irrelevante dizer que as possibilidades podem viver. Algumas possibilidades morrem com o corpo material e o cérebro, mas pode haver outras possibilidades, outras possibilidades que se modificam ao longo da nossa vida, e essas modificações das probabilidades das possibilidades podem formar uma confluência que possa viver mais tarde na vida de outra pessoa. É essa ideia que pude desenvolver de forma mais completa, num livro que será lançado no ano que vem, e fico feliz em dizer que podemos lidar com essa questão. A vantagem de se fazerem essas perguntas é que podemos ver imediatamente a utilidade das novas ciências que virão. Porque são essas coisas que preocupam as pessoas. As pessoas são fundamentalmente incomodadas por perguntas como "o que acontecerá quando eu morrer?". E se a nova física puder responder estas perguntas, a despeito da importância da psicologia transpessoal, e da psicologia junguiana, em que a nova ciência ajuda, e também da medicina alternativa, que nem discutimos ainda, acho que tocaremos o coração das pessoas quando pudermos dizer: "Finalmente, a ciência pode ajudar a entender esta pergunta". Até agora, apenas o padre, o teólogo pode dar qualquer resposta para a pessoa. E se pudermos dizer a ela: "Faz sentido fazer esta pergunta, e você pode fazer algo para ajudar você com o que acontecerá após a morte". Não seria um progresso maravilhoso na ciência?

**Joel Giglio**: Professor Amit, eu vou fazer uma pergunta baseado no trabalho de um ex-orientando de tese de Dr.amento que eu orientei na Universidade de Campinas e que fez a primeira tese, pelo menos na Unicamp, e talvez em qualquer universidade estadual ou federal do Brasil, sobre parapsicologia. Ele fez uma tese sobre clarividência e eu não vou naturalmente falar da metodologia do trabalho que seria bastante extensa, mas resumir pelo menos os resultados principais. Várias pessoas, vários sujeitos tentavam adivinhar as cartas de um baralho de símbolos geométricos, baralho de Zener muito usado em pesquisa e parapsicologia, e tentava adivinhar as cartas de um baralho Tarô, que é baseado em imagens arquetípicas, o rei, a rainha etc. Nos resultados que foram feitos seguindo uma metodologia tradicional, estatística, as pessoas acertaram, no baralho de Zener, um pouquinho acima do que era esperado ao acaso e 10% acima no baralho de Tarô, comparando com o de Zener. A explicação dada pelo meu orientando foi dentro da teoria da psicologia analítica, em relação aos arquétipos emergentes que, de uma certa forma, estariam mobilizados mais no baralho de Tarô do que simplesmente no baralho de símbolos geométricos. Mas essa explicação, embora nos satisfaça um pouco, ainda deixa muito a desejar. Eu perguntaria se o senhor teria alguma explicação a mais baseada na TEORIA QUÂNTICA sobre essa maior adivinhação das cartas do baralho do Tarô, que são símbolos arquetípicos em relação ao baralho comum de Zener, que são cinco símbolos geométricos, quadrado, círculo etc.?

**Amit Goswami**: sim. Obrigado pela pergunta. Na verdade, somente no Brasil alguém pensaria em fazer um experimento tão brilhante. Tenho visitado o Brasil nos últimos cinco anos, e o futuro parece promissor. Eu fico entusiasmado com a mente do brasileiro. Qual é a diferença entre o experimento original de adivinhação de cartas e as cartas de Tarô? A ideia que proponho, acho que você pensa da mesma forma, é que quando o objeto que usamos na telepatia é significativo, ele é um objeto melhor. Os cientistas, os parapsicólogos anteriores preocupavam-se demais com a objetividade e ignoravam esse aspecto. Agora, nos novos experimentos parapsicológicos, espero usarmos cada vez mais objetos significativos na transferência telepática. E você tem razão, a explicação completa tem de usar a palavra "telepatia", tem de usar a transferência não local de informações, nesse caso, transferência não local de informações significativas, arquetípicas. E esse é o motivo para os melhores resultados. Mas a não localidade, a não localidade quântica, tem de ser evocada para se ter uma explicação completa do que ocorreu. Obrigado.

**Mario Cortella**: Dr. Amit, eu juntei algumas questões nisso que eu não vou tratar delas como perguntas, porque eu acho que na sua obra, pelo menos no que eu pude ler, há um aprofundamento disso e uma leitura mais detalhada ofereceria mais questões. Por exemplo, no campo da psicanálise essa ideia de que o universo é quando é percebido e até interferido, será que não seria uma postura um pouco ego-narcísica da nossa parte, um pouco antropocêntrica em relação ao próprio universo que dificulta a ideia de um cosmo, invertendo Dostoievsky. Dostoievsky disse que se Deus não existe, tudo é permitido. Nessa compreensão, parece que se Deus existe, aí é que tudo é permitido, porque existe aí uma probabilidade que pode ser interferida. E uma outra questão, que eu acho que está na sua obra, mas acho que vale aprofundamento é o ateísmo metodológico, sendo que foi tão caro para a ciência para poder buscar explicações, mas ele não é mais necessário. Mais aí a questão de fundo: eu tenho lido, não sei se é verdade, que a física quântica mostra que hoje o tempo é uma ilusão. Alguns têm dito que não se fala mais em universo, mas em multiverso, porque haveria vários universos paralelos. Isso traria um problema: a possibilidade de viajar no tempo. A maior explicação que achei até hoje contra a viagem no tempo, foi do físico inglês, Stephen Hawking, que usou um argumento lógico. Ele disse: "É impossível viajar no tempo porque se um dia for possível isso, os homens do futuro já teriam voltado". Mas a física quântica, ao falar em universos paralelos, levanta a possibilidade de se ter o tempo como uma mera ilusão humana. Isso me coloca a seguinte pergunta aí para o senhor: será que nós chegaremos, com a física quântica, a voltar à origem do cosmos e, aí sim, encontrar o princípio explicativo?

**Amit Goswami**: bem, suas duas colocações são muito boas, e a pergunta é extremamente fascinante. A primeira coisa que quero dizer é que 'não dizemos que tudo é possível' apenas por termos incluído aí a consciência em nossas teorias, porque ainda estamos concordando totalmente com a física quântica que a causalidade ascendente molda a forma das possibilidades, a partir da qual a consciência escolhe. Tanto a causalidade descendente, quanto a ascendente têm papel fundamental na nova física , na nova ciência. Essa é uma das virtudes que temos. A nova ciência absorve a velha ciência nos limites do princípio da correspondência, no limite de que poderíamos falar apenas em termos de probabilidades para um grande número de coisas e eventos. A velha ciência não desaparece. Não poderia. É solidamente baseada em dados experimentais. A nova ciência expande a velha ciência em arenas com as quais a velha ciência não pode lidar. Como eventos singulares de criação, criatividade. Esse é o primeiro ponto. Sobre voltar no tempo, há experimentos quânticos. O mais famoso é o experimento de Le Choice, mas é muito longo para explicar e muito complicado para os espectadores realmente apreciarem. Embora, se alguém estiver interessado nele, há livros sobre ele. Leiam, por favor, é fascinante. Há algo acontecendo. Essa ideia de voltar no tempo é real na física quântica. Podemos ser afetados por coisas no futuro, assim como somos afetados por coisas no passado. Na física quântica, o tempo é não linear. Isso posto, claro que experimentos recentes são tão impressionantes, tão surpreendentes, que muitos físicos convencionais, conservadores, procuram formas de viajar no tempo. Mas acho que o consenso é que a viagem no tempo envolve muito mais do que essa observação da mecânica quântica. Não podemos mais descartá-la, mas ela envolve muito mais pois ainda temos sérios problemas de como trazer os efeitos quânticos aos macrocorpos. Pois os efeitos quânticos são muito destacados apenas em objetos microscópicos, e não tão destacados em macroobjetos. A situação da medição é uma exceção. Mas normalmente descobrimos apenas raios 'laser', supercondutores, poucas coisas, poucos macroobjetos em que os efeitos quânticos persistem. Então temos de resolver esse problema de como macrocorpos podem ser transportados pelo tempo, e isso levará um tempo. Se a consciência voltar a essa equação, e ela precisa voltar, em algum ponto, então, outra dimensão de pensamento se abrirá e isso pode nos dar novas respostas, novas visões sobre isso. Mas é muito prematuro falar sobre isso, acho.

**Rose Marie**: eu sou muito interessada em história da tecnologia, porque eu acho que através da tecnologia é que os sistemas econômicos se desenvolvem, que cresce uma dominação de potências hegemônicas. Isso vai muito na linha da pergunta do Cláudio Abramo. Eu sei que o senhor está trabalhando na construção do primeiro computador quântico. Eu quero perguntar uma coisa: o computador quântico dá saltos quânticos, ele cria? Qual a diferença dele do computador determinístico?

**Amit Goswami**: essa é uma pergunta muito interessante. O que é um computador quântico? Um computador quântico em vez de usar um algoritmo específico, usa um algoritmo ambíguo. No computador quântico é usada a superposição de possibilidades e, dessa forma, espera-se que seja muito mais rápido que o computador convencional. Desde que o computador quântico opere apenas nesse nível, eu não espero que ele seja uma novidade tão grande, a não ser o fato de ele ser mais rápido. É isso que interessa aos cientistas da computação. Mas eu tenho um interesse diferente nesse computador. Se o computador for construído, por ter um processador quântico, por processar superpondo possibilidades.

**Rose Marie**: é tão realista.

**Amit Goswami**: isso mesmo. Assim como o ser humano faz. O cérebro humano, de forma semelhante, processa de forma quântica as possibilidades, em vez de trabalhar diretamente, de maneira algorítmica, sem ambiguidade. Então, alguém pode fazer um computador que tenha todos os outros aspectos da medição quântica? A situação da medição quântica envolve um mecanismo que chamo de hierarquia embaraçada. É um pouco difícil de entender, mas um exemplo é a frase: Eu sou mentiroso. Se pensar nela, verá que a relação hierárquica entre sujeito e predicado é recíproca. "Eu" qualifica mentiroso e vice-versa. Um qualifica o outro. É o que chamo de hierarquia embaraçada. A medição quântica no cérebro é assim. A questão intrigante para mim é que: suponha que no futuro encontremos um computador com hierarquia embaraçada. O interessante é que a hierarquia embaraçada dá margem à auto-referência. Então, este computador quântico terá auto-referência? A consciência cooperará na criação de um aparelho feito por humanos que não seguiu uma evolução, mas desenvolvido pela inteligência humana? A consciência cooperará? A consciência cósmica cooperará e o tornará um ser consciente? Eu não sei a resposta. Mas essa será uma verificação fundamental, uma das mais fantásticas, das ideias que discutimos hoje. Acho que essa pesquisa deve ser encorajada. Obrigado pela pergunta.

**Lia Diskin**: tentando fazer uma síntese dentro das ideias da biologia, dentro das ideias da psicologia e, logicamente, de toda a física que o senhor coloca, o que hoje sabemos é que apenas 2% de nosso cérebro utiliza vias neurocerebrais para entrada e saída de informação. E é a partir disso, que nós construímos o que chamamos "os objetos ideais e universais" que constituem a ciência. 98% restante pertence a um universo interno, nebuloso, no qual existe a fantasia, a ilusão, logicamente a irracionalidade e também a probabilidade. Até que ponto podemos dizer que é possível um verdadeiro diálogo com essa disparidade de porcentagens? Até que ponto podemos dizer que é possível uma cientificação das ideias, de Deus, ou das ideias internas, humanas, divinizadas, como queira chamá-las?

**Amit Goswami**: em outras palavras, deixe-me ver se entendi a pergunta, há muitas coisas que são fantasias e há muitas coisas que envolvem Deus. É possível transformar esses aspectos fantasiosos em científicos? É uma pergunta interessante. Claro, na criatividade, transformamos fantasias, transformamos algumas fantasias em algo científico. Porque algumas delas são fantasias criativas. Em outras palavras, a imaginação, a parte mental de nossas vidas, a parte interna de nossa vida, é fundamental no que fazemos no mundo externo. Na nova ciência, por estarmos igualmente envolvidos com o mundo externo e o interno, pelo fato de a subjetividade ter voltado à ciência, estamos validando o conceito de que, talvez, devamos levar algumas de nossas fantasias a sério. Porque a ideia contrária também pode ser positiva, ou seja, de que tudo é uma fantasia. Fantasia da mente, fantasia da consciência. Porque a consciência é a base do ser, e o que pensávamos ser material e real e o que pensávamos ser fantasia e irreal, esta distinção não é muito clara agora. São todas possibilidades da consciência. Portanto, é a consciência que as valida, que escolhe entre elas, que lhes dá substancialidade. Então, qual delas será substancial depende totalmente da escolha, do contexto no qual a consciência as vê. Isso vai revolucionar a sociedade, como você antecipou com sua pergunta. Em outras palavras, vamos levar nosso mundo interno muito mais a sério. Eu costumo dizer às pessoas que, se elas estudarem seus sonhos, o preconceito que costumamos ter é de que o sonho não é contínuo, portanto, de que adianta estudá-los? Há evidências de que os sonhos são contínuos, mas é preciso olhá-los sob o ponto de vista significativo. Alguns ficariam felizes com essa descoberta científica, de que os sonhos dão um relatório sobre a parte significativa das nossas vidas. Então, há outros aspectos da vida com os quais a ciência materialista não pode lidar e com os quais podemos lidar agora por colocar a consciência de volta, por exemplo, o pensamento. E, quando fazemos isso, nossa vida interna adquire uma enorme importância. Sim, a vida interna lida com o pensamento, a beleza, os arquétipos, de uma forma diferente que a vida externa, materialista, pode. E, focalizando na vida interna, não só podemos nos transformar, essa é a parte mística, mas também podemos ter enormes visões sobre o que criar, como criar, sobre nossas artes, sobre nossa música, até sobre a ciência.

**Pierre Weil**: eu queria primeiro felicitar esse programa,

Roda Viva, pelas iniciativas que está tomando. Eu quero dizer que é a primeira vez que eu vejo na televisão, problemas tratados no nível que merecem, na altitude que merecem, problemas como a parapsicologia, a psicologia transpessoal. Isso é feito graças a uma mudança de paradigma. E eu queria realçar de novo para o público telespectador que o que estamos tratando aqui tem uma influência muito grande sobre a destruição da vida no planeta e a grande crise de violência que está assolando atualmente o mundo, não é só o Brasil. Eu queria, já que estamos no fim do programa, deixar a oportunidade a Amit Goswami, que nós convidamos na nossa Universidade da Paz em Brasília, justamente porque ele representa um novo paradigma, como que o antigo paradigma é responsável pela violência atual do mundo, antiga visão que está responsável pela destruição da vida no planeta, e como o novo paradigma pode nos ajudar a nos tirar dessa crise, além de medidas policiais e de mudança de lei que são necessárias, mas são absolutamente insuficientes?

**Amit Goswami**: obrigado. Acho muito importante dizer que, sem reconhecer a consciência e sem reconhecer o valor da nossa vida interna, sem reconhecer o valor da transformação, nunca mudaremos a violência na sociedade. Então, é muito importante ver que apenas pensando em não violência, apenas falando dela, não deixaremos a violência. É preciso passar por todo o processo criativo. A nova ciência, o novo paradigma, é extremamente importante porque sempre enfatiza a criatividade. Na velha ciência, o determinismo e behaviorismo, essa ideia de que o condicionamento prevalece, nos cegou tanto quanto à transformação, cegou-nos tanto que desistimos. Basicamente, os valores não eram necessários. Steve Weinberg disse que não há significado no universo, não há valores se o consenso é o julgamento dos cientistas materialistas, e isso ocorre dentro da sociedade, e o behaviorismo diz: "Não podemos fazer nada. Somos seres comportamentais, somos condicionados". E a nova ciência diz: "Não. Também há forças criativas dentro de nós. Basta aprender a agir a partir desse estado de consciência não ordinário no qual você tem escolhas". E o meu novo lema, em vez do cartesiano "eu penso, logo existo", e pensamento é uma condição behaviorista, meu novo lema é: "escolho, logo existo". Se é "escolho, logo existo", posso escolher a não violência. Mas tenho de aprender como escolher, e isso exige criatividade. Esta é, realmente, a nova confiança do novo paradigma: em vez de escolher a metade condicionada do mundo, vamos dividir o mundo em condicionamento e criatividade. Forças do bem e do mal, das quais falamos antes. Podemos ser muito otimistas. Se essa mudança para o novo paradigma vier logo, talvez possamos realmente lidar com a violência de uma forma realmente prática, em vez de apenas verbalmente, como fazemos.

**Carlos Ziller**: quando eu estava fazendo a minha leitura dos seus trabalhos, percebi um sentimento que eu compartilho, de um incômodo profundo com relação a algumas conclusões que emergem de determinados meios científicos. Vou dar só um exemplo, acho que o telespectador vai se lembrar, certamente. Há algum tempo atrás apareceu um resultado de um laboratório do EUA que falava da descoberta do gene da homossexualidade. Mais recentemente se falou no gene da obesidade, e há toda uma série de conclusões desse tipo que não deixam de produzir, nos homens de bom senso, uma certa surpresa, e, contudo, mesmo em homens que são materialistas e bem convencidos, que não aceitam, rejeitam esse determinismo radical que emerge de alguns ambientes científicos, sobretudo norte-americanos. Há um materialismo que convive muito bem com o livre arbítrio. Há um realismo filosófico que convive muito bem, sem muito inconveniente, com paradoxos, com contradições. Isso não é, digamos, o todo, do que se poderia chamar de "atividade científica". Por fim, eu gostaria de fazer uma pergunta, e é a questão mais importante que eu teria a colocar, que emerge também de uma sensação que eu tive ao ler *O Universo Autoconsciente*. Eu tive a sensação de retornar ao passado, aí sim uma viagem ao passado. Eu vi ali, arrumados, organizados de uma forma muito particular por você, ideias e proposições que eu já havia conhecido em leituras, por exemplo, da obra do cardeal Nicolau de Cusa, grande pensador do século XV, que propôs que o universo era resultado de uma contração de Deus, e essa contração, enfim, não é o caso aqui de eu explanar essa filosofia. Mas esse tipo de pensamento, produziu, interagiu com concepções científicas do século XVI, do século XVII, com concepções que propunham que a divindade organizasse ou, enfim, propunha uma visão bastante parecida com essa, um projeto científico bastante parecido com esse que você está propondo nesse seu livro. A humanidade passou por um processo muito longo, muito duro, para conseguir, digamos, não eliminar Deus da ciência, mas pelo menos reduzir um pouco seu papel, esse processo foi longo e lento. Para concluir, como o senhor acredita poder convencer os cientistas desse seu projeto, depois de tanto esforço para conseguir criar uma noção de objetividade, de realidade, de realismo, com todos os exageros em alguns momentos, mas convencer esses homens depois de tanto esforço? O senhor imagina conseguir isso usando que gênero de recursos?

**Amit Goswami**: eu acredito que as ideias se verificarão por si mesmas, serão confirmadas nos laboratórios e serão úteis. A ciência tem dois critérios fundamentais. Por isso Galileu é chamado de pai da ciência moderna, pois ele enunciou claramente esses dois critérios. Um é que a ciência deve ser verificável. Ela deve ser verificada experimentalmente. E a segunda ideia é que a ciência deve ser útil. No aspecto da verificação, já apresentei alguns experimentos a vocês, pois o tempo é curto, não entrarei em outros experimentos, mas digo que há um número enorme de experimentos sendo realizados, graças à parapsicologia e interessados em parapsicologia. Mas também em biologia, e a medicina é uma grande área de verificação experimental de algumas de nossas ideias. Mas a questão da utilidade é a mais importante. Deepak Chopra ficou famoso por um livro que escreveu, chamado *Cura Quântica*, lançado há dez anos. Ele começou a revolucionar a medicina, de certa forma, pois há um fenômeno chamado "efeito placebo" para o qual os cientistas não têm explicação. E esse trabalho, que é muito semelhante à minha forma de pensar, e eu tenho lido trabalhos citando a conexão entre as nossas ideias. Mas veja as implicações disso. Se houver, de fato, cura quântica, se houver medicina mental, o efeito da mente sobre a cura, então as pessoas serão de fato ajudadas, não apenas no campo da psicologia, mas no campo da verdadeira saúde física. A saúde física real, que importa para muito mais pessoas do que a saúde mental, ainda não estamos esclarecidos o bastante para levar a saúde mental tão a sério. Mas todos se preocupam com a saúde física, levam muito a sério. É a aplicação da nova ciência a essas áreas, especialmente na área da saúde, que vai trazer a revolução de que Deus é importante, a consciência é importante, a criatividade é importante, observar o livre arbítrio e responsabilidade é importante, que temos um paradigma científico que pode unir todas essas coisas, trazê-las para junto da velha ciência e ter formas objetivas de proceder e prever. Será uma ciência previsível, poderá ser verificada e também será útil. Isso é o que mudará a percepção do público. A percepção dos cientistas, também. Obrigado.

**Heródoto Barbeiro**: Dr. Goswami, muito obrigado por vir.

**Amit Goswami**: muito obrigado. Foi um prazer estar aqui.

# Prepare-se para responder ao darma[1]

B. P. Wadia
Traduzido por Edilson A. Pedrosa

Muitas passagens em *A Voz do Silêncio* são mensagens muito diretas para qualquer um que pertença à "tribo sagrada dos heróis", tais são "os poucos" a quem os *Preceitos de Ouro* são dedicados. Nas pp. 55-57 há uma passagem compacta que começa:

> Tu tens que estar preparado para responder ao darma, a severa lei, cuja voz te perguntará no teu primeiro passo, no teu passo inicial: "Tu cumpriste todas as regras, ó tu de elevadas esperanças? ...

A implicação da afirmação de que é preciso "estar preparado", e não apenas se preparar, é significativa. Os ensinamentos da filosofia esotérica e os grandes instrutores que são os guardiões desses ensinamentos ajudam a preparar o aspirante sincero que resolveu servir à Causa e decidiu-se viver a Vida.

Essa passagem enfatiza não a liberação de nossa enorme dívida para com o carma, mas a necessidade de nos prepararmos para responder ao darma. Sugere um atalho — o que fazer e como lidar com o carma.

O carma não conhece nem a ira nem o perdão e parece

[1] Prepare To Answer Dharma, artigo original do livro *Living the Life*, de B. P. Wadia (Theosophy Company Private Ltd., Bombay, Índia, 1962. http://www.phx-ult-lodge.org/living_the_life.htm.

cego em sua justiça; mas o que é o darma? É chamado de "lei severa". É diferente do carma; revela o caminho certo para superar o carma. Seja qual for o nosso carma, ele pode ser superado pelo darma. O carma está relacionado com o aspecto do destino; darma, ao aspecto do livre-arbítrio. O carma nos ensina a dizer: "persevere, sofra, pague sua dívida"; mas darma diz: "Este é o caminho para aprender, para pagar sua dívida e ascender às alturas celestiais".

A ação que é dever é um aspecto, ação de acordo com o Código de Leis e as leis é outra. Em qualquer estado digno de seu nome, um cidadão é livre para viver sua própria vida como quiser, mas os códigos de leis de seu país impedem que sua liberdade se degenere em licenciosidade. Da mesma forma, toda alma é livre para agir como quiser, mas a voz do darma a adverte se ela escolher erradamente e, se não for atendida, a alma perde a sua casta. O código de lei da natureza está aí para ajudar, não para atrapalhar. Pode e deve ser usado pela pessoa que tem a percepção de que o universo é governado por princípios morais e é sempre mantido em ordem.

Nossa apreciação do fato de que nós, ninguém e nada mais, somos responsáveis por nosso estado atual, leva-nos a buscar o caminho certo para determinar nosso dever e para cumpri-lo. Homens e mulheres comuns, mesmo aqueles que são bem instruídos, estão mais preocupados com o carma, com o que eles chamam de deveres, e veem numerosos conflitos de deveres. O estudante da filosofia esotérica e da ciência do ocultismo aprende a não se arrepender do seu atual carma, mas a buscar o caminho certo de ação, seja qual for o seu carma. Ele logo descobre que o darma, a lei severa, forma a religião interior de seu coração.

A prática desta "lei severa" implica disciplina, a disciplina de elevar o ego até o Ego. Muitas regras de vida se ramificam desse requisito básico. O aspirante tem "elevadas esperanças", e essas esperanças convergem na única grande esperança de obter a grande sabedoria do grande sacrifício necessário para o grande serviço. Os princípios e regras da filosofia esotérica exigem que nós sinceramente tentemos viver pelo poder da teosofia; a força do conhecimento da religião-

-sabedoria deve ser construída em nosso próprio prana, vida ou vitalidade.

Esse conhecimento não pode ser adquirido a menos que o aspirante a praticante honre o princípio do silêncio e do sigilo. A natureza é silenciosa, ela observa profundo segredo e, mesmo assim, abre suas câmeras secretos, expõe seus tesouros diante do olhar de quem trabalha com ela e até lhe faz reverência. Aquele que pensa demais em si mesmo logo se orgulha de si mesmo diante dos outros, e isso quase imediatamente contamina seu cérebro, mente e vontade. O homem é um criador, por pensamento ele cria palavras, e as regras da vida interior exigem que ele seja não violento em pensamento e fala; mais, que ele esteja amando nos recessos da mente e educado, agradável e verdadeiro no uso das palavras. Viver a vida, portanto, requer uma reflexão calma e atenção persistente à prática da fraternidade universal. Portanto, a segunda pergunta que se segue àquela sobre o cumprimento de todas as regras é: "Tens sintonizado teu coração e mente à grande mente e coração de toda a humanidade?"

O aspecto metafísico subjacente aos ensinamentos implícitos na doutrina da fraternidade universal deve ser compreendido. H.P.B. afirma:

> Oculta e cabalisticamente, toda a humanidade é simbolizada na Índia por Manu; por Vajrasattva ou Dorjesempa, o chefe dos Sete Dhyani, no budismo do norte, e por Adam Kadmon na cabala. Todos eles representam a totalidade da espécie humana, cujo princípio encontra-se neste protoplasma andrógino, e cujo fim está no Absoluto, muito além de todos esses símbolos e mitos de origem humana. (*Glossário Teosófico*: ver Humanidade) ... assim como a mônada espiritual é una, universal, ilimitada e indivisa, se bem que seus raios formem o que em nossa ignorância chamamos de "mônadas individuais dos homens. (*A Doutrina Secreta* – Vol. I – p. 220).

Não é difícil compreender, mesmo com a mente inferior, o fato de que a Humanidade é da mesma substância, espiritual e moralmente. No outro extremo, nossos corpos são compostos das mesmas substâncias e essências, o que também não é difícil para a mente inferior aceitar. Mas a natureza da mente inferior é combativa, e para ela é muito difícil perceber que a humanidade é também uma fraternidade do ponto de vista intelectual. O aspirante à sabedoria divina ao viver a sua vida deve aprender este ensinamento da ciência oculta:

Cada ser humano tem seu *manodhatu* ou plano de pensamento de acordo com o grau de seu intelecto e de suas faculdades mentais; porém, além delas, só pode avançar estudando e desenvolvendo suas faculdades espirituais mais elevadas numa das esferas superiores do pensamento. (*Glossário Teosófico*: ver *Manodhatu*).

A própria essência da disciplina do praticante sério é lutar contra os aspectos da mente inferior que criam egoísmo e egotismo, considerar o bem de "tudo o que vive e respira." A mente inferior levanta objeções e barreiras à transmutação da mente egoísta dos desejos na mente que se move pelo altruísmo, filantropia e fraternidade.

*A Doutrina Secreta* (Vol. I – p. 119) traz estas belas e muito úteis palavras:

> Se queres crer no Poder que atua na raiz de uma planta ou imaginar a raiz que ela oculta no solo, tens que pensar em seu caule, ou tronco, em suas folhas e flores. Não podes imaginar aquele Poder independentemente destas coisas. A Vida não pode ser conhecida senão pela Árvore da Vida... (Precepts for Yoga)

Essas proposições filosóficas são temas necessários para reflexão; eles limpam a poeira das ilusões e promovem a mistura de mente e alma.

Mas quem não sabe que o amor por toda humanidade é uma abstração? Amar a humanidade como um todo é tão difícil quanto sentir a onipresença da deidade na vastidão do espaço. A divindade deve ser procurada na caverna do coração e, correspondentemente, nosso texto, refere-se explicitamente às "mentes coletivas de Lanoo Shravakas". Para aqueles que aspiram trilhar o caminho do *chelado*, este verso não é apenas importante; é fundamental:

> Os discípulos podem ser comparados às cordas da alma ecoando Vina; a humanidade, até a sua caixa de ressonância; a mão que a leva ao sopro melodioso da Grande Alma Mundial. A corda que falha em responder como todas as outras ao toque do Mestre na harmonia melódica quebra — e é jogada fora. Então as mentes coletivas de Lanoo-Shravakas. Elas precisam estar em sintonia com a mente de Upadhyaya — una com a super-alma — ou desaparecerá.

Cada discípulo é uma corda do Vina, capaz de ecoar as melodias da Alma. Se uma única corda não responde adequadamente ao toque do guru, ela "quebra — e é expulsa". A mente do aprendiz e a do ouvinte devem estar sintonizadas com a mente do instrutor; isso implica a assimilação das mentes dos condiscípulos. O maestro de uma orquestra exige harmonia entre os músicos e ele próprio. Mas isso implica que cada músico, com seu próprio instrumento, deve tocar em devida harmonia com todos os outros músicos. A unidade e harmonia entre os condiscípulos e os cooperadores podem ser chamada de unidade horizontal, e a unidade controlada e usada pelo Mestre pode ser denominada unidade vertical. Essa última não termina com o mestre; dele o raio da unidade se estende para os seus pares e os superiores.

É necessário afastar-se de abstrações difusas e vagas, caso contrário, não estaremos sintonizados em nossa consciência com a "grande dor da humanidade". Para facilitar a nossa tarefa, um Grande Misericordioso Um deu estas diretrizes altamente práticas:

> Um grupo de estudantes das doutrinas esotéricas que espera colher qualquer benefício espiritual deve estar em perfeita harmonia e unidade de pensamento. Cada um individual e coletivamente tem que ser completamente altruísta, gentil e cheio de boa vontade para com todos os outros pelo menos — deixando a humanidade fora de questão.

À primeira vista, isso parece estranho. Mas os mestres da perfeição são mais práticos e plenamente conscientes da natureza, caráter e limitações da mente do discípulo. Eles tentam trazer as mentes dos alunos aspirantes para uma imagem concreta. E assim é acrescentado:

> Não deve haver espírito de oposição entre o grupo, nenhuma maledicência nem má vontade, inveja ou ciúme, desprezo ou raiva. O que ferir um deve ferir o outro — aquilo que alegra A deve dar prazer a B.

Os mestres têm apenas uma vontade. Eles têm um único sentimento: compaixão. Um único ensinamento, antigo e constante, está espalhado entre eles, ciclo após ciclo. Existe uma loja, ou fraternidade, uma escola de sabedoria, e seus poderes custodiantes estão sempre tentando reproduzir uma cópia em miniatura dela no mundo comum. Essa é a verdadeira interioridade da instituição do "caminho do chelado."

# Os chelas são médiuns?[1]

por Helena P. Blavatsky

Traduzido por Edilson A. Pedrosa

De acordo com a mais nova edição do *Dicionário Imperial*, de *John Ogilvie*, LLD:

> Um médium é uma pessoa através da qual se diz que a ação de outro ser é manifestada e transmitida pelo magnetismo animal, ou por quem as manifestações espirituais seriam alegadamente feitas; especialmente aquele que, segundo é dito, é capaz de manter relações sexuais com os espíritos dos falecidos.

Como os ocultistas não acreditam em qualquer comunicação com os "espíritos dos falecidos" na aceitação ordinária do termo, pela simples razão de que eles sabem que os espíritos dos "falecidos" não descem e não podem se comunicar conosco e como a expressão acima "pelo magnetismo animal" provavelmente teria sido modificada se o editor do *Dicionário Imperial* tivesse sido um ocultista, preocupamo-nos, portanto, apenas com a primeira parte da definição da palavra "médium", que diz: "Um médium é uma pessoa através da qual se diz que a ação de outro ser é manifestada e transmitida"; e gostaríamos de ter a permissão de acrescentar: "pela vontade consciente ou inconscientemente ativa desse outro ser".

Seria extremamente difícil encontrar na Terra um ser hu-

[1] Este texto, intitulado originalmente *Are Chelas Mediums?*, foi publicado pela primeira vez na revista *The Theosophist* de junho de 1884, depois reproduzido em *Theosophical Articles*, by Helena Blavatsky, Theosophy Co., Los Angeles, Califórnia, E.U.A., 1981, vol. I, pp. 295-298.

mano que não pudesse ser mais ou menos influenciado pelo "magnetismo animal" ou pela vontade ativa (que envia aquele "magnetismo") de outro. Se o amado general cavalgar pelo *front*, todos os soldados se tornarão "médiuns". Eles se enchem de entusiasmo, seguem-no sem medo e atacam a mortífera bateria inimiga. Um impulso comum permeia a todos, cada um se torna o "médium" de outro, o covarde fica cheio de heroísmo, e só aquele que não é médium e, portanto, insensível a influências morais epidêmicas ou endêmicas, abre uma exceção, afirma sua independência e foge.

O "pregador do reavivamento" se levantará em seu púlpito e, embora o que diga possa ser o absurdo mais incongruente, ainda assim as suas ações e o tom lamentoso de sua voz são suficientemente impressionantes para produzir "uma mudança de coração" entre, pelo menos, a parte feminina de sua congregação e, se ele é um homem poderoso, até mesmo os céticos "que chegam para zombar, continuam a rezar". As pessoas vão ao teatro e derramam lágrimas ou "riem-se histericamente" de acordo com o caráter da performance, seja uma pantomima, tragédia ou farsa. Não há homem algum, a não ser um genuíno cabeça-bloqueada, cujas emoções e ações consequentes não podem ser influenciadas de alguma forma, impedindo, assim, que a ação de outra pessoa se manifeste ou seja transmitida através dele. Todos os homens, mulheres e crianças são, portanto, médiuns, e uma pessoa que não é um médium é um monstro, um aborto da natureza, porquanto perde a característica humana.

A definição acima dificilmente pode, portanto, ser considerada suficiente para expressar o significado da palavra medium na aceitação popular do termo, a menos que acrescentemos algumas palavras, e digamos:

> Médium é uma pessoa por meio da qual se diz que a ação de outro ser se manifesta e é transmitida de forma anormal pela vontade ativa, consciente ou inconsciente, desse outro ser.

Isso reduz o número de médiuns no mundo numa extensão proporcional ao espaço em torno do qual traçamos a linha entre o normal e o anormal, e será tão difícil determinar quem é um médium e quem não é um médium quanto é dizer onde a sanidade termina e onde a insanidade começa. Todo homem tem suas pequenas "fraquezas" e sua pequena "mediunidade", isto é, algum ponto vulnerável pelo qual ele pode ser apanhado desprevenido. Consequentemente, alguém pode não ser considerado realmente insano; nem o outro pode ser chamado de médium. As opiniões diferem frequentemente quanto a se um homem é insano ou não e, da mesma forma, elas podem diferir quanto à sua mediunidade. Agora, na vida prática, um homem pode ser muito excêntrico, mas não ser considerado insano até que sua insanidade atinja tal grau que ele não saiba mais o que está fazendo e, portanto, seja incapaz de cuidar de si mesmo ou de seus negócios.

Podemos estender a mesma linha de raciocínio aos médiuns e dizer que devem ser consideradas médiuns apenas as pessoas que permitem que outros seres as influenciem da maneira descrita acima, a ponto de perderem o autocontrole e não terem mais poder ou vontade própria de controlar as suas ações. Ora, tal abandono do autocontrole pode ser ativo ou passivo, consciente ou inconsciente, voluntário ou involuntário, e difere de acordo com a natureza dos seres que exercem a dita influência ativa sobre o médium.

Uma pessoa pode submeter consciente e voluntariamente sua vontade à de outro ser e se tornar seu escravo. Esse outro ente pode ser um humano, e o médium será então seu servo obediente e poderá ser usado por ele para bons ou maus propósitos. Esse outro "ser" pode ser uma ideia, como amor, ganância, ódio, ciúme, avareza ou alguma outra paixão, e o efeito no médium será proporcional à força da ideia e à quantidade de autocontrole que lhe resta. Esse "outro ser" pode ser um elementar ou um elemental, e o pobre médium se torna um epiléptico, um maníaco ou um criminoso. Esse "outro ser" pode ser o próprio princípio superior do homem, isoladamente ou em afinidade com outro raio do princípio espiritual universal coletivo, e o "médium" será então um grande gênio, um escritor, um poeta, um artista, um músico, um inventor e assim por diante. Esse "outro ser" pode ser um desses seres exaltados, chamado *mahatmas*, e o médium consciente e voluntário será então chamado de *chela*.

Novamente, uma pessoa pode nunca em sua vida ter ouvido a palavra médium e ainda ser um médium forte, embora inteiramente inconsciente do fato. Suas ações podem ser mais ou menos influenciadas inconscientemente pelo seu ambiente visível ou invisível. Ele pode se tornar presa de elementares ou de elementais, mesmo sem saber o significado dessas palavras, e pode se tornar consequentemente um ladrão, um assassino, um estuprador, um bêbado ou um assassino em série [ou *serial killer*, em inglês], e tem sido provado muitas vezes que crimes tornam-se frequentemente epidêmicos. Ou, novamente, pode, por meio de certas influências invisíveis, ser obrigado a cumprir atos que não são de todo consistentes com o seu caráter, tal como previamente conhecido. Ele pode ser um grande mentiroso e de vez em quando, por alguma influência invisível, ser induzido a falar a verdade; pode ser comumente muito medroso e, no entanto, em alguma grande ocasião e no impulso do momento, cometer um ato de heroísmo; pode ser um ladrão de rua ou um vagabundo e de repente fazer um ato de generosidade etc.

Além disso, um médium pode conhecer as fontes de onde vem a influência ou, em termos mais explícitos, "a natureza do ser cuja ação é transmitida por seu intermédio" ou pode não saber. Ele pode estar sob a influência de seu próprio sétimo princípio e imaginar estar em comunicação com um Jesus Cristo pessoalmente ou com um santo; pode estar em harmonia com o raio "intelectual" de *Shakespeare* e escrever poesia *shakespeariana* e, ao mesmo tempo, imaginar que o espírito pessoal de *Shakespeare* está escrevendo através dele, e o simples fato de acreditar nisso ou naquilo não faria sua poesia nem melhor nem pior. Ele pode ser influenciado por algum adepto a escrever um grande trabalho científico e ignorar inteiramente a fonte de sua inspiração ou talvez imaginar que é o "espírito" de *Faraday* ou de *Lorde Bacon* que está escrevendo através dele, enquanto ele estaria atuando o tempo todo como um "*chela*", embora sem saber do fato.

De tudo isso, segue-se que o exercício da mediunidade consiste no abandono mais ou menos completo do autocontrole, e se este exercício é bom ou ruim, depende inteiramente do uso que é feito dele e do propósito para o qual ele é feito. Isso depende novamente do grau de conhecimento que a pessoa mediúnica possui em relação à natureza do ser a cujo cuidado ele, voluntaria ou involuntariamente, abdica por um tempo da guarda de seus poderes físicos ou intelectuais. Uma pessoa que confia indiscriminadamente tais faculdades à influência de qualquer poder desconhecido é indubitavelmente uma pessoa manipulada [uma "manivela", na tradução literal] e não pode ser considerada menos insana do que a que confiaria seu dinheiro e valores ao primeiro estranho ou vagabundo que os pedissem. Encontramos ocasionalmente tais pessoas, embora sejam comparativamente raras e geralmente conhecidas por seu olhar idiota e pelo fanatismo com que se agarram à sua ignorância. Elas são dignas de pena ao invés de serem consideradas culpadas e, se for possível, devem ser esclarecidas quanto ao perigo que incorrem. Mas, se um *chela* que empresta consciente e voluntariamente suas faculdades mentais, por um tempo, a um ser superior a quem ele conhece, e em cuja pureza de motivos, honestidade de propósito, inteligência, sabedoria e poder ele tem total confiança, pode ser considerado um médium na aceitação vulgar do termo é uma questão que deve ser deixada ao leitor — depois da devida consideração — para decidir por si mesmo.

# Blavatsky não era um médium? E se era, por que se opunha à mediunidade?[1]

Traduzido por Edilson A. Pedrosa

## Por que HPB se opunha à mediunidade?

Uma lei do ocultismo diz que o fluxo da vida passa pelos diferentes planos sucessivos do cosmo manifestado e é submetido a sucessivas mudanças, resultando em diferentes estados de consciência.

No caso do microcosmo humano, o fluxo da vida (cuja fonte está no nível espiritual) passa por diferentes e sucessivos estados de consciência e termina na consciência física. A parte desse fluxo que pertence ao nível espiritual de consciência é chamada de individualidade, enquanto a sua parte inferior, pertencente ao astral e ao físico, é chamada de personalidade. Quando o fluxo espiritual impregna completamente cada parte da hipóstase [substância] humana, surge então um *mahatma,* ainda que o processo progressivo para atingir esse objetivo resulte em diferentes graus de adeptos. Como diz um *mahatma* na carta 99:

> Os graus da iniciação de um adepto assinalam os sete estágios nos quais ele descobre o segredo dos

[1] *Wasn't Blavatsky a medium? and if so, why was she opposed to mediumship?* Artigo publicado em julho de 2009 por *Aspasia Papadomichelaki* em https://theosophyblavatsky.gr/wasnt-blavatsky-a-medium-and-if-so-why-was-she-opposed-to-mediumship/?lang=en.

> princípios sétuplos da natureza e do homem e desperta seus poderes adormecidos.

A diferença entre um médium e um adepto se deve à proporção do fluxo espiritual que impregna sua hipóstase. De fato, o adepto é a individualidade que opera através da personalidade, enquanto o médium é apenas a personalidade; e há uma diferença crítica entre esses egos duais. O *mahatma* existe para a manifestação da lei da compaixão, do altruísmo e do serviço, enquanto o médium está centrado em seu egoísmo e no desejo de ganho para si.

No *Theosophist* de julho de 1884, HPB afirma:

> ... Uma entidade que está passando pelo treinamento ocultista em seus sucessivos nascimentos tem gradualmente cada vez menos (em cada encarnação) desse *manas* inferior até que chega um tempo em que o *manas* por completo, sendo de um caráter inteiramente elevado, centra-se na individualidade mais elevada, quando se pode dizer que essa pessoa se tornou um *mahatma*...

A mediunidade é o oposto do *adeptado*; o médium é o instrumento passivo de influências de fora, o adepto controla ativamente a si mesmo e a todas as potências inferiores... (*Ísis sem Véu*, p. 589 no original em inglês).

O médium geralmente ignora as leis ocultas e as da natureza; ele é uma pessoa não treinada em ocultismo e não autoconsciente. Dado que o astral é uma fotocópia das ações do homem comum sobre a Terra, geralmente nada de novo ou sábio é transmitido por um médium vindo do astral, pois em tudo reflete que há apenas os pensamentos e desejos do homem .

Em *Ísis sem Véu* (*Isis Unveiled*, p. 590 ), está dito:

> Existem dois tipos de vidência: a da alma e a do espírito. A vidência da antiga pitonisa, ou a do sujeito moderno hipnotizado, varia apenas nos modos artificiais adotados para induzir o estado de clarividência. Mas, como as visões de ambos dependem da maior ou menor intensidade dos sentidos do corpo astral, elas diferem largamente do estado espiritual

> perfeito e onisciente, pois, na melhor das hipóteses, o sujeito pode obter apenas vislumbres da verdade através do véu que a natureza física interpõe.

A mediunidade concernente a uma pessoa que adquiriu autoconsciência ao despertar os seus poderes espirituais latentes pode, assim, ser o elo entre um *mahatma* e a humanidade. Essas personagens são chamadas de mediadores, ou mensageiras em missão, e elas são adeptas. HPB era uma *mensageira-adepta* que estava comprometida em trazer o movimento teosófico para o Ocidente.

## Por que *Blavatsky* logo começou a negar que ela era médium?

HPB era uma pessoa treinada em ocultismo, uma iniciada. Ela começou com o controle de seus poderes psíquicos; tinha uma longa prática de controlar os sentidos e a mente com o que, por intermédio do retiro no Cáucaso e no Tibete, conseguiu puxar de seu interior sem ter antes adquirido o grau de iniciação suficiente. "O adepto", diz um aforismo oculto, "torna-se: ele não é feito."

HPB menciona em seu artigo *On the Himalayan Brothers* (Nos Irmãos do Himalaia), em CW 3 , que

> (...) a aquisição do mais alto conhecimento e poder requer não apenas muitos anos do mais rigoroso estudo, iluminado pela inteligência superior e uma audácia que não se rende aos perigos, assim como muitos anos de retiro solidão do mesmo jaez e a associação apenas com estudantes que persigam o mesmo ideal do neófito, numa localidade onde a própria natureza preserva uma quietude absoluta e ininterrupta, senão o silêncio!

HPB chegou ao Cáucaso, com sua irmã Vera, na primavera ou no verão de 1860, ... e partiu para a Itália em 1865. (CW 1, Blavatsky, general outline, cont. IV). Durante esses anos no Cáucaso, HPB... parece ter estudado com nativos kudyani, ou mágicos, tendo se tornado amplamente conhecida por seus poderes de cura. ... Nesse período de sua vida os seus poderes psicológicos se tornaram muito mais fortes, e ela os colocou sob completo controle de sua vontade. ( *Lúcifer* , Vol. XV, December of 1894, p. 273). E ela afirma que "entre a Blavatsky de 1845-65 e a Blavatsky dos anos 1865-82 existe um abismo intransponível ". (*H. P. B. Se=peaks*, Vol. II, p. 58). Quando olhamos para os *Ensinamentos do Grupo Interno*, http://esotericpapers.net/, percebemos a iniciação que ela teve por meio da prática diária.... E como e por que seus poderes psíquicos eram controlados e usados apenas por sua vontade.

O que HPB diz da capacidade de um adepto executar aparições ou objetos:

> Um adepto pode não apenas projetar e tornar visível uma mão, um pé ou qualquer outra parte de seu corpo, mas todo o corpo. Vimos um fazer isso em pleno dia, no momento em que as suas mãos e os pés estavam sendo segurados por um amigo cético que ele queria surpreender. Pouco a pouco todo o corpo astral escorria como uma nuvem vaporosa, quando diante de nós estavam duas formas, das quais a segunda era uma duplicata exata da primeira, apenas um pouco mais sombria ... (*Isis Unveiled*, p.5).

A citação a seguir explica o caso de "canalização":

> ... Ele pode estar sob a influência de seu próprio sétimo princípio e imaginar estar em comunicação com um Jesus Cristo pessoalmente ou com um santo; pode estar em harmonia com o raio "intelectual" de *Shakespeare* e escrever poesia *shakespeariana* e, ao mesmo tempo, imaginar que o espírito pessoal de *Shakespeare* está escrevendo através dele, e o simples fato de acreditar nisso ou naquilo não faria sua poesia nem melhor nem pior. Ele pode ser influenciado por algum adepto a escrever um grande trabalho científico e ignorar inteiramente a fonte de sua inspiração ou talvez imaginar que é o "espírito" de *Faraday* ou de *Lorde Bacon* que está escrevendo através dele, enquanto ele estaria atuando o tempo todo como um "*chela*", embora sem saber do fato. (*Theosophist*, June, 1884).

Em manifestações.

Os fenômenos puramente subjetivos são apenas uma pequena proporção dos casos que se devem à ação do corpo astral pessoal. Eles são em sua maioria, e de acordo com a pureza moral, intelectual e física do médium, o trabalho de elementares ou, às vezes, de espíritos humanos muito puros. Elementais não têm nada a ver com manifestações subjetivas. Em casos raros, é o próprio espírito divino do médium que os guiam e produzem.

*Epimênides*, o órfico, era conhecido por sua "natureza sagrada e maravilhosa" e pela faculdade que sua alma possuía de abandonar o seu corpo "o quanto fosse necessário." Os antigos filósofos que testemunharam essa habilidade podem ser contados às dezenas. *Apolônio* deixava seu corpo a qualquer momento, mas deve ser lembrado que *Apolônio* era um adepto — um "mago". Se ele fosse simplesmente um médium, não poderia realizar tais feitos à vontade. *Empédocles*, o taumaturgo pitagórico de Agrigento, não tinha restrições para consertar uma fonte d'água que quebrasse em qualquer lugar da cidade. Ele também não tinha nenhuma restrição para chamar uma mulher à vida, tal como o fez. (*Ísis sem Véu*, o voo do corpo astral p. 597, no original em inglês).

# Contos assombrosos de Blavatsky

## Apresentação

Na presente seção, pretendemos apresentar uma série de contos fantasmagóricos escritos magistralmente por Blavatsky em seu livro *The Nightmare Tales* (Os contos de Pesadelo). Além de transmitirem subliminarmente lições ocultistas e morais relevantes, as histórias, que se seguirão a cada novo volume da presente série de Luzes da Teosofia, deverão prender a atenção e a respiração dos leitores, sendo garantia de divertimento saudável. Ao ler cada narrativa, o leitor facilmente se ligará a uma ou mais personagens, sendo essa conexão e aquela entre diversão e ética que faz, à semelhança das fábulas bem contadas, o leitor perceber facilmente que está diante de um clássico e não desperdiçando o seu tempo com uma história mal contada.

Da introdução original do livro, extraímos as seguintes palavras de Annie Besant:

> O mundo conhece HPB principalmente por seu conhecimento enciclopédico, seus poderes ocultos e a sua coragem única. Este livrinho, composto de histórias produzidas por ela em seus momentos

mais descontraídos, mostra-a como uma escritora espirituosa, dotada de imaginação brilhante. O estudante terá vislumbres da realidade sob o disfarce da fantasia e saberá que apenas a mão de um ocultista poderia ter dado certos toques às imagens retratadas.

*The Nightmare Tales* foram reescritos durante os últimos meses da dolorosa vida da autora: quando cansada com a labuta enfadonha do *Glossário Teosófico*, ela, que não podia ficar ociosa, voltou-se para este trabalho mais leve e encontrou nele diversão e relaxamento. Seus amigos de todas as partes do mundo darão as boas-vindas a este exemplo tão raro de utilização de dons em meio a tensão do trabalho mais duro.

# Uma Vida Enfeitiçada

(Conforme narrado por uma caneta de pena)[1]

Traduzido por Edilson A. Pedrosa

## Introdução

Era uma noite escura e fria de setembro de 1884. Uma densa névoa havia tomado conta das ruas de A..., uma pequena cidade no Reno, e descia como um manto funerário preto sobre o opaco burgo operário. O maioria de seus habitantes, cansados pelo longo dia de trabalho, tinha se retirado horas antes para esticar os membros cansados e deitar as suas cabeças doloridas nos travesseiros. Tudo estava tranquilo na casa grande; tudo era quieto nas ruas desertas.Parte inferior do formulário

Eu também repousava na minha cama; infelizmente, não para descansar, mas em virtude de dor e doença que me retinha há vários dias. Tudo estava tão imóvel na casa que, como diz *Longfellow*, ouvia-se o próprio silêncio. Eu podia escutar claramente o murmúrio do sangue enquanto corria pelo meu corpo dolorido, produzindo aquele canto monótono tão familiar a quem presta atenção ao silêncio. Eu escutei-o até que, em minha nervosa imaginação, ele se transformou no som de uma catarata distante, a queda de imensas águas... quando, de repente, mudando seu caráter, o "canto" crescente se fundiu com outros sons muito mais bem-vindos. Era o sussurro de uma voz humana baixa, a princípio escassamente audível.

[1] Originalmente denominado *A Bewitched Life (as Narrated By a Quill Pen)*, este conto de Blavatsky foi publicado quase simultaneamente em Lúcifer, Vol. X, março e abril de 1892, e como parte do livreto chamado Nightmare Tales, editado ela H.P.B. Press de Londres.

Aproximou-se e fortalecendo-se gradualmente pareceu falar ao meu ouvido. Assim, soa uma voz falando através de um quiescente lago azul, em um daqueles desfiladeiros maravilhosamente acústicos das montanhas cobertas de neve, onde o ar é tão puro que uma palavra pronunciada a meia milha parece sair por um tubo acústico. Sim; era a voz de alguém que eu conhecia e reverenciava; de alguém que, para mim, devido a muitas associações místicas, era muito querido e santo; uma voz familiar por longos anos e sempre bem-vinda, ainda mais em horas de sofrimento mental ou físico, pois sempre traz consigo um raio de esperança e consolo.

"Coragem", sussurrou em tons suaves e gentis. "Pense nos dias passados por você em doces associações; nas grandes lições recebidas sobre as verdades da natureza; nos muitos erros humanos a respeito destas verdades; e tente adicionar-lhes a experiência de uma noite nesta cidade. Deixe a narrativa de uma vida estranha, que lhe interessará, ajudar a encurtar as horas de sofrimento... Dê sua atenção. Olhe para lá diante de você!

"Lá" significava janelas grandes e claras de uma casa vazia do outro lado da rua estreita da cidade alemã. Eles faceavam as minhas quase uma linha reta do outro lado da rua, e minha cama estava de frente das janelas do meu quarto de dormir. Obediente à sugestão, dirigi meu olhar para elas, e o que vi me fez esquecer, por algum tempo, a agonia da dor que atormentava meu braço inchado e o corpo reumático.

Sobre as janelas se arrastava uma névoa. Uma névoa densa, pesada, serpenteante e esbranquiçada que parecia a enorme sombra de uma jiboia gigantesca desenrolando lentamente o seu corpo. Aos poucos, ela desapareceu, deixando uma luz brilhante, suave e prateada, como se as vidraças da janela refletissem mil raios da Lua, um céu tropical estrelado — primeiro de fora, depois de dentro dos cômodos vazios. Em seguida, vi a névoa se alongando e lançando, por assim dizer, uma ponte de fadas do outro lado da rua, das janelas enfeitiçadas para minha própria varanda, ou melhor, para a minha própria cama. Enquanto eu continuava olhando, a parede, as janelas e a casa oposta desapareceram subitamente. O espaço ocupado pelos cômodos vazios havia se transformado no interior de outro cômodo menor no que eu sabia ser um chalé suíço — num escritório, cujas antigas paredes escuras estavam cobertas do chão ao teto com prateleiras de livros, manuscritos e decorações arcaicos, bem como trabalhos de data mais recente. No centro, havia uma grande mesa antiquada, cheia de manuscritos e materiais de escrita. Diante dela, caneta de pena na mão, sentou-se um velho; uma personagem de aparência sombria, esquelética, com o rosto tão magro, tão pálido, amarelo e emaciado que a luz da pequena lâmpada solitária de estudo se refletia em duas manchas brilhantes nas maçãs salientes do rosto, como se fossem esculpidas no marfim.

Enquanto tentava obter uma visão melhor dele, levantando-me lentamente sobre os travesseiros, a cena inteira, moradia e escritório, escrivaninha, livros e o escriba pareciam tremer e se mexer. Uma vez postos em movimento, eles se aproximaram mais e mais, até que, deslizando silenciosamente pela ponte de nuvens que atravessa a rua, flutuaram até o meu quarto atravessaram as janelas fechadas e acomodaram-se finalmente ao lado da minha cama.

"Ouça o que ele pensa e vai escrever" — disse em tom suave a mesma voz familiar, distante e ao mesmo tempo próxima. "Assim, você ouvirá uma narrativa, cujo conteúdo pode ajudar você a encurtar as longas horas sem dormir e, até mesmo, fazer você esquecer por um momento a sua dor... Experimente!" — acrescentou, usando a fórmula rosacruciana e cabalística bem conhecida.

Eu tentei, como se fosse uma aposta. Concentrei toda a minha atenção na solitária figura laboriosa que vi diante de mim, mas que não me via. A princípio, o barulho da pena com a qual o velho estava escrevendo sugeriu à minha mente nada mais do que um baixo murmúrio de natureza indefinida. Então, gradualmente, meu ouvido captou palavras indistintas de uma voz fraca e distante, e eu pensei que a figura diante de mim, curvada sobre o manuscrito, estivesse lendo a história em voz alta, em vez de escrevê-la. Mas logo descobri meu erro. Ao lançar meu olhar no rosto do velho escriba, vi de relance que seus lábios estavam comprimidos e imóveis, e a voz era muito fina e estridente para ser a sua. Ainda mais estranho, em cada palavra traçada pela mão fraca e envelhecida, notei uma luz piscando debaixo de sua caneta, uma faísca colorida brilhante que se tornou instantaneamente um som ou, o que é a mesma coisa, pareceu fazê-lo para minhas percepções internas. Era de fato a pequena voz da pena que ouvi, emborao escriba e a caneta estivessem, na época, por acaso, a centenas de quilômetros de distância da Alemanha. Essas coisas acontecem ocasionalmente, especialmente à noite, sob cuja sombra estrelada, como nos diz Byron, "(...) nós aprendemos a língua de outro mundo..."

Seja como for, as palavras proferidas pela pena permaneceram em minha memória por muito tempo. Tampouco tive muita dificuldade em retê-las, pois quando me sentei para registrar a história, encontrei-a, como de costume, indelevelmente impressa nas tábuas astrais diante de meu olho interno.

Assim, eu tive apenas que a copiar e, então, repassá-la tal como recebi. Eu não consegui aprender o nome do desconhecido escritor noturno. No entanto, embora o leitor possa preferir considerar toda a história como uma solução para a ocasião, um sonho, talvez, ainda assim seus incidentes, espero, não sejam nada menos interessantes.

## A história do estranho

Nasci numa pequena aldeia nas montanhas, um aglomerado de chalés suíços, escondido em um recanto ensolarado, entre dois imponentes glaciares e um pico coberto de neves eternas. Lá, trinta e sete anos atrás, voltei — aleijado mental e fisicamente — para morrer, o dia da minha libertação. O ar puro e revigorante do meu local de nascimento decidiu o contrário. Ainda estou vivo; talvez com o propósito de fornecer provas para fatos que eu mantive profundamente secreto — um conto de horror que prefiro esconder a ter que revelar. A razão para essa falta de vontade de minha parte se deve à minha educação precoce e aos eventos subsequentes que desmentiram meus preconceitos mais acalentados. Algumas pessoas podem estar inclinadas a considerar esses eventos como providenciais: eu, no entanto, não acredito em nenhuma Providência, e ainda assim sou incapaz de atribuí-los ao mero acaso. Eu os conecto como a evolução incessante de efeitos, engendrados por certas causas diretas com uma causa primária e fundamental, da qual surgiu tudo o que se seguiu. Um homem velho e frágil sou eu agora, mas a fraqueza física de modo algum prejudicou minhas faculdades mentais. Lembro-me dos menores detalhes daquela causa terrível que gerou os meus males posteriores. São eles que me dão mais uma prova da existência real de alguém que eu venero — oh, que eu pudesse fazê-lo! — como uma criatura nascida da minha fantasia, a produção evanescente de um sonho febril e horrível! Oh, que terrível, suave e indulgente esse ser santo e respeitado! Foi esse modelo de todas as virtudes que amargurou a minha existência. É ele que, empurrando-me violentamente para fora da monótona, mas segura, rotina da vida vulgar, foi o primeiro a me impor a certeza de uma vida futura, acrescentando assim um horror adicional a um já suficientemente grande.

Tendo em vista uma compreensão mais clara da situação, devo interromper essas lembranças com algumas palavras sobre mim mesmo. Ah, se eu pudesse, como eu destruiria aquele eu odiado!

Nascido na Suíça, de pais franceses, que centralizou toda a sabedoria do mundo na trindade literária de *Voltaire, J. J. Rousseau* e *D'Holbach* e estudou em uma universidade alemã, cresci como um completo materialista, um ateu convicto. Eu nunca poderia sequer ter imaginado por mim mesmo quaisquer seres, muito menos um ser acima ou mesmo fora da natureza visível e distinto dela. Porquanto eu considerava tudo o que não podia ser submetido à mais estrita análise dos sentidos físicos como uma mera quimera. Uma alma, argumentei, mesmo supondo que o homem tenha uma, deve ser material. Segundo a definição de *Orígenes*, o *incorporeus* — o epíteto que ele deu ao seu Deus — significa uma substância só que mais sutil que a dos corpos físicos, da qual, na melhor das hipóteses, não podemos formar uma ideia definida. Como se pode, então, obter qualquer conhecimento claro disso se os nossos sentidos não estão capacitados, como isso pode se tornar visível ou produzir quaisquer manifestações tangíveis?

Dessa forma, sempre encarei o espiritismo nascente com um sentimento de total desprezo, e considerei as insinuações religiosas de certos sacerdotes com escárnio, frequentemente semelhante à raiva. E, de fato, o último sentimento nunca me abandonou completamente.

Pascal, no oitavo ato de seu *Pensamentos*, confessa a mais completa incerteza sobre a existência de Deus. Ao longo da minha vida, eu também professei uma certeza absoluta quanto à não existência de qualquer ser extracósmico, e repeti com aquele grande pensador as palavras memoráveis nas quais ele nos diz:

> Eu tenho examinado se esse Deus de quem todo o mundo fala poderia não ter deixado alguns vestígios de si mesmo. Eu olho em todos os lugares, e em todo lugar não vejo nada além de obscuridade. A natureza não me oferece nada além de dúvida e inquietude.

Nem eu encontrei até hoje qualquer coisa que possa inquietar os meus sentimentos precisamente semelhantes e ainda mais fortes. Eu nunca acreditei, nem jamais crerei, em um Ser Supremo. Mas nas potencialidades do homem, proclamadas por toda parte no Oriente, poderes tanto mais desenvolvidos em algumas pessoas a ponto de torná-las virtualmente deuses, delas não me rio mais. A minha vida inteira despedaçada é um protesto contra essa negação. Eu acredito em tais fenômenos, e — eu os amaldiçoo, sempre que eles vêm, e por qualquer meio gerado.

Com a morte de meus pais, devido a demandas judiciais malsucedidas, perdi a maior parte de minha fortuna e resolvi enriquecer novamente, – antes para o bem daqueles a quem mais amava do que propriamente para mim. Minha irmã mais velha, a quem eu adorava, havia se casado com um homem pobre. Aceitei a oferta de uma próspera empresa de Hamburgo e parti para o Japão como sócio minoritário.

Vários anos se passaram, e durante todo esse período não me curei do ceticismo nem nunca pensei em alterar minhas opiniões sobre esse assunto. Eu ridicularizava as pretensões dos bonzos e ascetas japoneses, tal como fazia com a dos sacerdotes cristãos e dos espíritas europeus. Eu não podia acreditar na aquisição de poderes desconhecidos e nunca estudados por homens da ciência; daí porque eu zombava de todas essas ideias. O budista supersticioso e mal-humorado, ensinando-nos a evitar os prazeres da vida, pôr de lado as paixões, tornar-nos insensíveis à felicidade e ao sofrimento, a fim de adquirir tais poderes quiméricos — parecia extremamente ridículo aos meus olhos.

Em um dia memorável para mim, — um dia fatal -, conheci um venerável e instruído bonzo, um sacerdote japonês chamado *Tamoora Hideyeri*. Eu o conheci ao pé do dourado Kwon-On e, a partir daquele momento, ele se tornou meu melhor e mais confiável amigo. Apesar de minha grande e genuína consideração por ele, eu nunca deixava, no entanto, de zombar de suas convicções religiosas sempre que uma boa oportunidade se oferecia, ferindo, assim, muitas vezes, os seus sentimentos.

Mas meu velho amigo era tão manso e misericordioso quanto poderia desejar qualquer coração verdadeiro de budista. Ele nunca se ressentiu de meus sarcasmos impacientes, mesmo quando eram, para dizer o mínimo, impróprios e, geralmente, limitava as suas respostas a frases do tipo "espere para ver". Nem poderia ele ser levado a acreditar seriamente na sinceridade da minha negação da existência de qualquer Deus ou deuses. O pleno significado dos termos "ateísmo" e "ceticismo" estava além da compreensão de sua mente extremamente intelectual e aguda. Como certos cristãos reverentes, ele parecia incapaz de perceber que qualquer homem de bom senso deveria preferir as sábias conclusões da filosofia e da ciência moderna a uma crença ridícula num mundo invisível cheio de deuses e espíritos, *djins* e demônios. "O homem é um ser espiritual", insistia ele, "que retorna à Terra mais de uma vez e é recompensado ou punido nos períodos intermediários". A proposição de que o homem nada mais é do que uma pilha de poeira organizada estava fora de seu alcance. Como *Jeremy Collier*, ele se recusava a admitir que não era melhor do que "uma máquina ambulante, uma cabeça falante sem alma", cujos "pensamentos" estão limitados pelas leis do movimento. "Pois ", argumentou ele, "se minhas ações fossem, como você diz, prescritas de antemão, e eu não tivesse mais liberdade ou livre arbítrio para mudar o curso da minha ação do que as águas correntes do rio, então a gloriosa doutrina do carma, do mérito e do demérito, seria de fato uma tolice."

Assim, toda a ontologia do meu amigo hipermetafísico repousava sobre a instável estrutura da metempsicose, de uma imaginada lei de retribuição "justa" e de outros sonhos igualmente absurdos.

"Nós não podemos", disse ele paradoxalmente um dia, "esperar viver daqui em diante no pleno desfrute de nossa consciência, a menos que tenhamos construído para ela de antemão uma fundação firme e sólida de espiritualidade ... Não, não ria, amigo, de nenhuma fé, implorou humildemente, "mas pense e reflita sobre isso: alguém que nunca tenha aprendido a viver em espírito durante sua vida consciente e responsável na Terra poderá dificilmente esperar uma existência senciente após a morte, quando, privado de seu corpo, estará limitado somente àquele espírito."

"O que você quer dizer com a vida no espírito?" — perguntei.

"Vida em um plano espiritual; aquilo que os budistas chamam de *tushita devaloka* (paraíso). O homem pode criar uma existência venturosa para si mesmo entre dois nascimentos, pela transferência gradual para aquele plano de todas as faculdades que durante sua jornada na Terra se manifestam através de seu corpo orgânico e, como você chama, cérebro animal."

"Que absurdo! E como o homem pode fazer isso?"

"Contemplação e um forte desejo de assimilar, os deuses abençoados permitirão que ele faça isso."

"E se o homem recusa essa ocupação intelectual, com a qual você quer dizer, suponho, a fixação dos olhos na ponta do nariz, o que acontecerá com ele depois da morte de seu corpo?" foi minha indagação zombeteira.

"Ele será tratado de acordo com o estado prevalecente de

sua consciência, que existem em muitos graus. Na melhor das hipóteses — renascimento imediato; na pior — o estado de *avitchi*, um inferno mental. No entanto, não é necessário ser um asceta para assimilar a vida espiritual que se estenderá ao futuro. Tudo o que é necessário é tentar se aproximar do espírito."

"Como assim? Mesmo quando descrendo nele?" — Eu me repliquei.

"Mesmo assim! Pode-se descrer e ainda abrigar secretamente um espaço para a dúvida, por menor que seja o espaço, e assim tentar um dia, nem que seja por um momento, abrir a porta do templo interior; e isso se provará suficiente para o propósito."

"Você é decididamente um poeta e paradoxal, para começar, reverendo senhor. Por favor, explique-me um pouco mais do mistério?"

"Não há nenhum. Ainda estou disposto. Suponha por um momento que algum templo desconhecido, ao qual você nunca tinha ido antes e cuja existência você acha que tem razões para negar, seja o 'plano espiritual' do qual estou falando. Alguém lhe pega pela mão e o leva até a sua entrada, a curiosidade faz com que você abra a porta e olhe para dentro. Por esse ato simples, ao entrar nele por um segundo, você estabeleceu uma conexão eterna entre a sua consciência e o templo. Você não pode mais negar a sua existência nem obliterar o fato de ter entrado nele e, de acordo com o caráter e a variedade de seu trabalho dentro de seus santos recintos, você também viverá nele depois que a sua consciência for separada de sua morada de carne."

"O que você quer dizer? E o que minha consciência pós-morte — se é que existe tal coisa — faz com o templo?"

"Tem tudo a ver com isso", solenemente se reconectou ao velho homem. "Não pode haver autoconsciência após a morte fora do templo do espírito. Aquilo que você tenha feito no seu plano sobreviverá sozinho. Todo o resto é falso e uma ilusão. Está condenado a perecer no oceano de *maya*."

Divertido com a ideia de viver fora do corpo, pedi ao meu velho amigo que me contasse mais. Confundindo o que eu quis dizer, o venerável senhor aceitou de bom grado.

*Tamoora Hideyeri* pertencia ao grande templo de Tzionene, um mosteiro budista, famoso não só no Japão, mas também no Tibete e na China. Nenhum outro é tão venerado em Kioto. Seus monges pertencem à seita de Dzeno-doo e são considerados os mais instruídos entre as muitas fraternidades eruditas. Eles são, além disso, intimamente relacionados aos *yamabooshi* (os ascetas, ou eremitas) e deles aliados, que seguem as doutrinas de Lao-tsé. Não é de admirar que, à menor provocação da minha parte, o sacerdote tenha voado para a mais alta metafísica, esperando com isso me curar da minha falta de fé.

Não adianta repetir aqui a longa ladainha da mais irremediavelmente envolvida e incompreensível de todas as doutrinas. De acordo com suas ideias, temos que nos treinar para a espiritualidade em outro mundo — como na ginástica. Continuando a analogia entre o templo e o "plano espiritual", ele tentou ilustrar a sua ideia. Ele próprio trabalhara no templo do espírito dois terços de sua vida e dedicou várias horas diárias à "contemplação". Assim ele sabia (!?) que depois de ter deixado de lado sua casca mortal, "uma mera ilusão", ele explicou, — ele iria em sua consciência espiritual reviver todos os sentimentos de alegria enobrecedora e felicidade divina que já teve, ou deveria ter tido — apenas cem vezes mais intensificados. Seu trabalho no plano espiritual tinha sido considerável, ele disse, e esperava, portanto, que o salário do trabalhador se mostrasse proporcional.

"Mas suponha que o operário, como no exemplo que você acabou de apresentar do meu caso, não tenha mais do que ter aberto a porta do templo por mera curiosidade; só espiou no santuário para nunca mais colocar o pé nele. O que acontecerá então?"

"Então", ele respondeu, "você teria apenas esse curto minuto para registrar em sua futura autoconsciência e nada mais. Nossa vida daqui por diante registra e repete apenas as impressões e os sentimentos que tivemos em nossas experiências espirituais e nada mais. Se, em vez de reverência, no momento de entrar na morada do espírito, você estivesse abrigando em seu coração a raiva, o ciúme ou o pesar, então a sua futura vida espiritual seria triste na verdade. Não haveria nada para registrar, salvo a abertura de uma porta em um ataque de mau humor."

"Como então poderia ser repetido?" — eu insisti, muito divertido. "O que você acha que eu estaria fazendo antes de encarnar novamente?"

"Nesse caso", ele disse, falando devagar e pesando cada palavra — "nesse caso, você teria apenas que, eu receio, abrir e fechar a porta do templo repetidamente, durante um período que, embora curto, pareceria para você uma eternidade."

Esse tipo de ocupação pós-morte me pareceu, naquela época, tão grotesco em seu sublime absurdo, que fui tomado de uma risada quase inextinguível.

Meu venerável amigo pareceu consideravelmente desanimado com o resultado de sua instrução metafísica. Ele evidentemente não esperava tal hilaridade. No entanto, ele não disse nada, mas apenas suspirou e olhou para mim com a maior benevolência e pena brilhando em seus pequenos olhos negros.

"Por favor, perdoe minha risada", eu me desculpei. "Mas, realmente, agora, você não pode querer dizer seriamente que o 'estado espiritual' que você defende e acredita tão firmemente, consiste apenas em imitar certas coisas que fazemos na vida?"

"Não, não; não imitando, mas apenas intensificando a sua repetição; preenchendo as lacunas que foram injustamente deixadas vazias durante a vida na fruição de nossos atos e obras, e de tudo realizado no plano espiritual de um estado real. O que eu disse era uma ilustração e, sem dúvida, para você que parece ignorar inteiramente os mistérios da visão da alma não é muito inteligível. O culpado fui eu mesmo... O que eu tentei passar para você era que, como o estado espiritual de nossa consciência liberada do corpo é apenas o de fruição de todo ato espiritual realizado durante a vida, onde um ato que tenha sido estéril não produz resultados esperados – além da repetição daquele ato em si. Isso é tudo. Eu rezo para que você possa ser poupado de tais ações infrutíferas e que finalmente possa enxergar certas verdades." E passando pelas costumeiras cortesias japonesas de se despedir, o excelente homem partiu.

Infelizmente, ai de mim! se eu soubesse na época o que aprendi desde então, quão pouco teria rido e quanto mais eu teria aprendido!

Mas, a questão permaneceu. Quanto mais carinho pessoal e respeito eu sentia por ele, menos eu poderia me reconciliar com suas ideias malucas sobre uma vida após a morte e, especialmente, com a aquisição por alguns de poderes humanos sobrenaturais. Eu me senti particularmente aborrecido com sua reverência aos *yamabooshi*, os aliados de toda seita budista na Terra. Suas apelações ao "milagroso" eram simplesmente execráveis na minha concepção. Ouvir cada japonês que conheci em Kioto, até mesmo meu próprio parceiro, o mais astuto de todos os homens de negócios com quem eu havia encontrado no Oriente, mencionando esses seguidores de Lao-Tze com os olhos abaixados, mãos postas em reverência e afirmações de que são possuidores de "grandes" e "maravilhosos" dons, era mais do que eu estava disposto a tolerar pacientemente naqueles dias. E quem eram eles afinal de contas, esses grandes magos com suas ridículas pretensões ao conhecimento supermundano; esses "mendigos sagrados" que, como eu pensava, moravam intencionalmente nos recessos de montanhas não frequentadas e em escarpas íngremes inacessíveis, de modo a melhor não dar oportunidade a intrusos curiosos de encontrá-los e observá-los em seus próprios esconderijos? Simplesmente, adivinhos imprudentes, ciganos japoneses que vendem encantos e talismãs, e nada melhor. Em resposta àqueles que procuravam assegurar-me que embora os *yamabooshi* levem uma vida misteriosa, não admitindo acesso de nenhum profano aos seus segredos, eles ainda aceitam alunos, por mais difícil que seja um deles se tornar seu discípulo, e que assim têm que viver dando testemunho da grande pureza e santidade de suas vidas, em resposta a tais afirmações, opunha a negação mais forte e permanecia firme nela. Eu insultei tanto os mestres quanto os discípulos, classificando-os sob a mesma categoria de tolos, quando não de patifes, e fui tão longe a ponto de inclui-los entre o número de xintoístas. Agora, o xintoísmo, ou *sin-syu*, a "fé nos deuses e no caminho para os deuses", isto é, a crença na comunicação entre essas criaturas e os homens, é uma espécie de adoração dos espíritos da natureza, a qual nada pode ser mais miseravelmente absurdo. E colocando os xintoístas entre os tolos e os patifes de outras seitas, angariei muitos inimigos. Pois os 'xintoístas *kanusi'* (mestres espirituais) são considerados os mais altos nas classes superiores da sociedade, estando o próprio *Mikado,* à frente de sua hierarquia, e os membros da seita entre os homens mais cultos e instruídos do Japão. Estes *kanusis* do xintoísmo não formam casta ou classe à parte, nem passam por nenhuma ordenação — pelo menos, nenhuma conhecida por pessoas de fora. E como não reivindicam publicamente nenhum privilégio ou poderes especiais, mesmo que suas vestimentas não sejam de modo algum diferentes das dos leigos, são simplesmente, na opinião do mundo, professores e estudantes de ciências ocultas e espirituais; eu muitas vezes entrei em contato com eles sem ao menos suspeitar que eu estava na presença de tais personagens.

## O visitante misterioso

Anos se passaram; e com o passar do tempo, meu ceticismo inarredável ficou mais forte e se tornou mais intenso a cada dia. Já mencionei uma irmã mais velha e muito querida, minha única parente sobrevivente. Ela se casara e tinha ido morar recentemente em Nuremberg. Eu a considerava com sentimentos mais filiais do que fraternos, e os seus filhos eram tão queridos para mim quanto poderiam ter sido meus próprios. Na época da grande catástrofe que, em poucos dias, fez meu pai perder sua grande fortuna, e minha mãe partir seu coração, ela era minha doce irmã mais velha, que se fizera por vontade própria o anjo da guarda da nossa família arruinada. Por seu grande amor por mim, seu irmão mais novo, ela tentou substituir os professores que não podiam mais ser oferecidos, renunciando à sua própria felicidade. Ela se sacrificou e ao homem a quem amava, adiando indefinidamente o casamento deles, a fim de ajudar meu pai e principalmente a mim por sua devoção indivisa. E, oh, como eu a amei e reverenciei, o tempo mais fortalece essa primeira afeição familiar! Aqueles que sustentam que nenhum ateu, como tal, pode ser um amigo verdadeiro, um parente afetuoso ou um sujeito leal, proferem — seja consciente ou inconscientemente — a maior calúnia e mentira. Dizer que um materialista cresce de coração duro à medida que envelhece, que não pode amar como faz um crente é simplesmente a maior falácia.

Pode haver tais casos excepcionais, é verdade, mas esses são encontrados apenas ocasionalmente em homens que são ainda mais egoístas do que céticos, ou vulgarmente mundanos. Mas quando um homem que está gentilmente disposto em sua natureza, não por motivos egoístas, mas pela causa da razão e do amor à verdade, torna-se o que é chamado ateísta, ele está fortalecido apenas em seus afetos familiares e em suas simpatias com seus semelhantes. Todas as suas emoções, todas as aspirações ardentes para o invisível e inalcançável, todo o amor que ele teria inutilmente concedido a um suposto céu e a seu Deus, tornam-se agora centrados com dez vezes mais força sobre seus entes queridos e a humanidade. De fato, só o coração do ateu -

... pode saber,
Que marés secretas de prazer ainda fluem
Quando os irmãos amam...

Foi esse amor fraterno e santo que me levou a sacrificar meu conforto e meu bem-estar pessoal para assegurar sua felicidade, a felicidade dela que tinha sido mais do que uma mãe para mim. Eu era um mero jovem quando saí de casa para Hamburgo. Lá, trabalhando com a seriedade desesperada de um homem que tem apenas um objetivo nobre em vista — aliviar o sofrimento e ajudar aqueles a quem ama — eu logo assegurei a confiança de meus empregadores, que me elevaram, em consequência, ao alto cargo de confiança que sempre gostei. Meu primeiro verdadeiro prazer e recompensa na vida foi ver minha irmã casada com o homem que ela havia sacrificado por minha causa e ajudá-los em sua luta pela existência.

Tão purificadora e altruísta foi essa minha afeição por ela que, quando passou a ser compartilhada entre seus filhos, em vez de perder a intensidade por tal divisão, pareceu apenas crescer e se fortalecer. Nascido com a potencialidade da mais calorosa afeição familiar, a devoção por minha irmã era tão grande que a ideia de queimar aquele fogo sagrado do amor diante de qualquer ídolo, que não fosse ela e a sua família, nunca entrou na minha cabeça. Essa era a única igreja que eu reconhecia, a única igreja em que eu adorava no altar da santa afeição familiar. Na verdade, essa grande família de onze pessoas, incluindo seu marido, era o único elo que me ligava à Europa. Por duas vezes, durante um período de nove anos, cruzei o oceano com o único objetivo de ver e apertar esses entes queridos junto ao meu coração. Eu não tinha outro negócio no Ocidente; e tendo cumprido este dever prazeroso, voltava cada vez ao Japão para trabalhar e me esforçar por eles. Pelo bem deles, permaneci solteiro, para que a riqueza que eu adquirisse fosse dividida apenas entre eles.

Sempre havíamos nos correspondido tão regularmente quanto permitia o trânsito longo do serviço de barcos-correio, então muito irregular. Mas de repente houve uma interrupção nas minhas cartas recebidas de casa. Por quase um ano não recebi nenhuma notícia; e, dia após dia, fiquei mais inquieto, mais apreensivo de uma grande desgraça. Em vão, procurei por uma carta, uma mensagem simples; e meus esforços para explicar um silêncio tão incomum foram infrutíferos.

"Amigo", disse-me um dia, Tamoora Hideyeri, meu único confidente, "Amigo, consulte um santo yamabooshi — e você se sentirá bem".

Claro que a oferta foi rejeitada com tanta moderação quanto eu pude controlar mediante a provocação. Mas, quando vieram vapor após vapor sem uma notícia, senti um desespero que aumentava diariamente em profundidade e fixação. Isso finalmente degenerou em um anseio irreprimível, um desejo mórbido de aprender — o pior, como eu pensava então. Eu lutei muito com o sentimento, mas ele me dominava. Apenas alguns meses antes, passei de um mestre completo de mim mesmo — e agora me tornei um escravo abjeto do medo. Um fatalista da escola de D'Holbach, eu, que sempre considerei a crença no sistema da necessidade como sendo o único acicate da felicidade filosófica e como tendo a influência mais vantajosa sobre as fraquezas humanas, senti anseio por algo semelhante à adivinhação! Eu tinha ido tão longe a ponto de esquecer o primeiro princípio da minha doutrina — o único calculado para acalmar nossas tristezas, para nos inspirar com uma submissão útil, a saber, uma resignação racional aos decretos do destino cego, com os quais a sensibilidade tola nos faz muitas vezes ficar oprimido — a doutrina de que tudo é necessário. Sim; esquecendo-me disso, fui atraído por uma ânsia vergonhosa e supersticiosa, um desejo estúpido e sem graça de saber — quando não o futuro, pelo menos o que estava ocorrendo no outro lado do globo. Minha conduta parecia totalmente modificada, meu temperamento e aspirações mudaram completamente; e como uma garota nervosa e fraca, eu me peguei forçando a mente até a beira da loucura numa tentativa de olhar — como me disseram algumas vezes — além dos oceanos e perceber finalmente a verdadeira causa desse longo e inexplicável silêncio!

Uma noite, ao pôr-do-sol, meu velho amigo, o venerável bonzo Tamoora, apareceu na varanda da minha casa baixa de madeira. Eu não o visitava há muitos dias, e ele soubera como eu estava. Aproveitei a oportunidade para, mais uma vez, zombar de alguém que, na verdade, considerava com respeito muito afetuoso. Com um gosto ambíguo pelo qual me arrependi quase antes de as palavras terem sido pronunciadas — perguntei-lhe por que ele se dera ao trabalho de percorrer toda aquela distância quando poderia ter sabido de alguma coisa a meu respeito simplesmente interrogando um *yamabooshi*? Ele pareceu um pouco magoado, a princípio; mas depois de examinar meu rosto desanimado, ele comentou com brandura que só podia insistir no que já havia aconselhado antes. Apenas uma dessas ordens sagradas poderia me dar consolo no meu estado atual.

Uma noite, ao pôr-do-sol, meu velho amigo, o venerável bonzo, Tamoora, apareceu na varanda da minha casa baixa de madeira. Eu não o visitava há muitos dias e ele soubera como eu estava. Aproveitei a oportunidade para, mais uma vez, zombar de uma pessoa que, na verdade, considerava com muito respeito afetuoso. Com um gosto ambíguo pelo qual me arrependi quase antes de as palavras terem sido pronunciadas — perguntei-lhe por que ele se dera ao trabalho de percorrer toda aquela distância quando poderia ter aprendido alguma coisa de que gostasse comigo simplesmente interrogando um *yamabooshi*? Ele parecia um pouco magoado, a princípio; mas depois de examinar meu rosto desanimado, ele comentou com brandura que só podia insistir no que havia aconselhado antes. Apenas uma dessas ordens sagradas poderia me dar consolo em meu estado atual.

A partir daquele instante, um desejo insano levou-me a desafiá-lo a provar as suas afirmações. Eu desafio — eu disse a ele — todo e qualquer dos seus supostos magos a me dizer o nome da pessoa que eu estava pensando e o que ela estaria fazendo naquele momento. Ele respondeu calmamente que meu desejo poderia ser facilmente satisfeito. Havia um *yamabooshi* a duas portas de mim, visitando um xintoísta doente. Ele iria buscá-lo — se eu dissesse apenas uma palavra afirmativa.

Eu disse isso e, a partir do momento dessa declaração, meu destino foi selado.

É difícil encontrar palavras para descrever a cena que se seguiu! Vinte minutos depois de o desejo ter sido tão incautamente expresso, um velho japonês, incomumente alto e majestoso para alguém de sua raça, pálido, magro e emaciado, estava de pé diante de mim. Ali, onde esperava encontrar servilismo obsequioso, eu só percebi um ar de calma e digna compostura, a atitude de quem conhece a sua superioridade moral e, portanto, despreza os erros daqueles que não conseguem reconhecê-los. Às questões um tanto irreverentes e zombeteiras que lhe coloquei uma após a outra, com fervor febril, ele não respondeu; mas olhava para mim em silêncio tal com um médico olharia para um paciente delirante. A partir do momento em que ele fixou os seus olhos nos meus, senti — ou direi, vi — como se fosse um agudo raio de luz, um fino fio prateado, disparar dos olhos intensamente negros e estreitos tão profundamente afundados no velha face amarela. Pareceu penetrar em meu cérebro e coração como uma flecha e começou a retirar cada pensamento e sentimento. Sim; eu os vi e senti, e logo a dupla sensação tornou-se intolerável.

Para quebrar o feitiço, desafiei-o a dizer-me o que ele havia encontrado em meus pensamentos. Calmamente veio a resposta correta: extrema ansiedade por um parente do sexo feminino, seu marido e filhos, que estavam habitando uma casa, cuja descrição correta ele deu como se soubesse disso tão bem quanto eu. Lancei um olhar desconfiado para meu amigo, o bonzo, a cujas indiscrições, pensei, eu estava em dívida pela resposta rápida. Lembrando, porém, que Tamoora não sabia nada da aparência da casa de minha irmã, que os japoneses são proverbialmente verdadeiros e, como amigos, fiéis até a morte — senti vergonha de minha suspeita. Para expiar isso diante da minha própria consciência, perguntei ao eremita se ele poderia me dizer alguma coisa sobre o estado atual daquela minha amada irmã. O estrangeiro — foi a resposta — nunca acreditaria nas palavras ou confiaria no conhecimento de qualquer pessoa além de si mesmo. Se fosse o *yamabooshi* que lhe dissesse, a impressão se acabaria em poucas horas, e o investigador se sentiria tão infeliz quanto antes. Havia apenas um meio; e esse era fazer o estrangeiro (eu mesmo) ver com seus próprios olhos, e assim aprender a verdade por si mesmo. O inquiridor estava pronto para ser colocado por um *yamabooshi*, um estranho para ele, no estado requerido?

Eu tinha ouvido falar na Europa de sonâmbulos hipnotizados e pretendentes à clarividência, e não tendo fé neles, eu não tinha, portanto, nada contra o processo em si. Mesmo em meio à minha agonia mental inesgotável, não pude deixar de sorrir diante da natureza ridícula da operação a que me submeti voluntariamente. No entanto, eu silenciosamente dei o consentimento.

## Magia psíquica

O velho *yamabooshi* não perdeu tempo. Olhou para o Sol poente e achando provavelmente o Senhor Ten-Dzio-Dai-Dzio (o espírito que lança seus raios) propício para a cerimônia que viria, ele rapidamente sacou um pequeno pacote. Continha uma pequena caixa laqueada, um pedaço de papel vegetal, feito da casca da amoreira, e uma caneta, com a qual traçou no papel algumas frases no alfabeto *naiden* — um estilo peculiar de linguagem escrita usado apenas para propósitos religiosos e místicos. Tendo terminado, tirou de debaixo de suas roupas um pequeno espelho redondo de aço de extraordinário brilho, e colocando-o diante dos meus olhos me pediu para olhar para ele.

Eu não apenas tinha ouvido falar antes desses espelhos, que são frequentemente usados nos templos, mas eu os vi várias vezes. Afirma-se que, sob a direção e a vontade de sacerdotes instruídos, aparecem neles os *daij-djim*, os grandes espíritos que alertam os devotos inquiridores sobre o seu destino. Primeiro imaginei que a sua intenção era evocar um espírito assim, que respondesse às minhas perguntas. O que aconteceu, no entanto, foi algo muito diferente.

Tão logo eu toquei o espelho, não sem uma última pontada de melancolia mental produzida por uma profunda sensação de minha própria posição absurda, senti de repente uma sensação estranha no braço da mão que o segurava. Por um breve momento, esqueci de "sentar-me no banco do escarnecedor" e não vi o assunto de um ponto de vista ridículo. Foi o medo que de repente apertou meu cérebro, paralisando por um instante a sua atividade -

... esse medo quando o coração anseia por saber
o que é morte ouvir?

Não; pois ainda tinha consciência suficiente para continuar a me persuadir de que nada sairia de um experimento de cuja natureza nenhum homem sensato poderia acreditar. O que foi então que rastejou em meu cérebro como uma coisa viva de gelo, produzindo uma sensação de horror, e então agarrou meu coração como se uma serpente mortal tivesse prendido suas presas nele? Com um movimento convulsivo da mão eu deixei cair o espelho "mágico" (eu coro ao escrever o adjetivo) e não pude me forçar a pegá-lo do sofá no qual eu estava reclinado. Por um breve momento, houve uma luta terrível entre algum desejo indefinido e, para mim, totalmente inexplicável, de olhar para as profundezas da superfície polida do espelho e o meu orgulho, cuja ferocidade nada parecia capaz de domar. Foi finalmente dominado, no entanto, sua revolta foi sendo conquistada por sua própria intensidade desafiadora. Havia um romance aberto sobre uma mesa de laca perto do sofá e, quando meus olhos caíram sobre as páginas, li as palavras: "O véu que cobre o futuro é tecido pela mão da misericórdia". Isso foi o suficiente. Aquele mesmo orgulho que até então me impedia de encarar uma experiência degradante e supersticiosa fez-me desafiar meu destino. Peguei o disco que brilhava sinistramente e me preparei para olhar para ele.

Enquanto eu examinava o espelho, o *yamabooshi* falou apressadamente algumas palavras para o bonzo, Tamoora, aos quais eu lancei um olhar furtivo e desconfiado. Eu estava errado mais uma vez.

"O homem santo deseja que eu faça uma pergunta e lhe dê ao mesmo tempo um aviso", observou o bonzo. "Se você está disposto a ver por si mesmo agora, você terá, sob a pena de ver para sempre, no futuro, tudo o que está acontecendo, a qualquer distância e contra a sua vontade ou inclinação, que se submeter a um curso regular de purificação, após o qual você terá aprendido o que você quer através do espelho."

"O que é este curso e o que devo prometer?" Eu perguntei desafiadoramente.

"É para seu próprio bem. Você deve prometer a ele se submeter ao processo, para que, pelo resto de sua vida, ele tenha que se responsabilizar, perante a sua própria consciência, por ter feito de você um vidente irresponsável. Você fará isso, amigo?"

"Haverá tempo suficiente para pensar sobre isso se eu vir alguma coisa" — respondi zombeteiramente, acrescentando em voz baixa — "algo de que duvido muito até agora."

"Bem, você está avisado, amigo. As consequências agora recairão sobre você mesmo," foi a resposta solene.

Olhei de relance para o relógio e fiz um gesto de impaciência, que foi observado e compreendido pelo *yamabooshi*. Passavam apenas sete minutos das cinco.

"Defina bem em sua mente o que você gostaria de ver e saber", disse o "mágico", colocando o espelho e o papel em minhas mãos e me instruindo como usá-los.

Suas instruções foram recebidas por mim com mais impaciência do que gratidão; e por um breve instante, hesitei novamente. No entanto, eu respondi, enquanto ajustava o espelho: "Eu desejo apenas uma coisa – saber a razão ou razões pelas quais minha irmã de repente parou de escrever para mim." ...

Teria eu pronunciado essas palavras na realidade e perante duas testemunhas ou eu só pensara nelas? Até hoje não consigo definir esse ponto. Agora me lembro distintamente apenas de uma coisa: enquanto eu me sentava olhando no espelho, o *yamabooshi* continuava olhando para mim. Mas, se esse processo durou meio segundo ou três horas, eu nunca fui capaz de fixar em minha mente com algum grau de satisfação. Lembro-me de todos os detalhes da cena até o momento em que peguei o espelho com a mão esquerda, segurando o papel inscrito com os caracteres místicos entre o polegar e o dedo da direita, quando, de repente, pareci perder bastante a consciência dos objetos circundantes. A passagem do estado de vigília ativa para outro que eu não podia comparar com nada que eu já tivesse experimentado antes, foi tão rápida que, enquanto meus olhos paravam de perceber objetos externos e perdiam completamente a visão do bonzo, do *yamabooshi* e até de meu quarto, eu podia ver distintamente a minha cabeça e as minhas costas, enquanto me sentava inclinado para a frente com o espelho na mão. Então veio uma sensação forte ou um impulso involuntário para a frente, para sair, por assim dizer, do meu lugar — eu quase tinha dito do meu corpo. E, então, enquanto todos os meus outros sentidos ficavam totalmente paralisados, meus olhos, como eu pensava, captaram inesperadamente um vislumbre mais claro e muito mais vívido do que jamais haviam tido da realidade, da nova casa de minha irmã em Nuremberg, que eu nunca havia visitado e de que conhecia apenas um esboço, e outro cenário que nunca me fora muito familiar. Junto com isso e enquanto sentia em meu cérebro o que pareciam lampejos de uma consciência que se afastava — pessoas morrendo devem sentir isso sem dúvida — o último pensamento vago, tão fraco a ponto de dificilmente ser perceptível, era que eu deveria parecer muito, muito ridículo... Esse sentimento — porquanto foi mais do que um pensamento — foi interrompido, de repente extinguido, por assim dizer, por uma clara visão mental (não a posso caracterizar de outra forma) de mim mesmo, daquilo que eu considerava, e sabia, ser meu corpo, deitado com bochechas acinzentadas em um sofá, morto para todos os efeitos, mas ainda olhando com os olhos frios e vidrados de um cadáver para o espelho. Curvando-se, com as duas mãos emaciadas cortando o ar em todas as direções sobre o rosto branco, estava a figura alta do *yamabooshi*, por quem senti naquele instante um ódio inextinguível e homicida. Quando eu estava indo, em pensamento, atacar o vil charlatão, meu cadáver, os dois velhos, o próprio quarto e cada objeto nele tremiam e dançavam numa luz brilhante avermelhada e pareciam flutuar rapidamente para longe de "mim." Mais algumas sombras grotescas e distorcidas diante da "minha" visão; e, com um último sentimento de terror e esforço supremo para perceber quem era eu agora, já que eu não era aquele cadáver — um grande véu de escuridão caiu sobre mim, como um manto fúnebre, e todo pensamento em mim estava morto.

## Uma visão de horror

Que estranho! ... Onde eu estava agora? Era evidente para mim que eu havia retornado aos meus sentidos. Lá estava eu, percebendo vividamente que estava me movendo para frente rapidamente, sentindo uma estranha, esquisita sensação como se estivesse nadando, sem impulso ou esforço da minha parte e na escuridão total. A ideia que se me apresentou inicialmente foi a de uma longa passagem subterrânea de água, de terra e ar sufocante, embora fisicamente eu não tivesse percepção, nenhuma sensação, da presença ou contato com qualquer desses elementos. Tentei proferir algumas palavras, para repetir minha última frase, "Só desejo uma coisa: aprender a razão ou razões pelas quais minha irmã parou tão repentinamente de escrever para mim", mas as únicas palavras que ouvi das vinte escritas foram apenas duas, "aprender a", e essas, em vez de saírem da minha própria laringe, voltaram para mim na minha própria voz, mas inteiramente fora de mim, perto, mas não em mim. Em suma, elas foram pronunciadas pela minha voz, não pelos meus lábios...

Mais um movimento rápido e involuntário, mais um mergulho na escuridão *cimeriana*[2] de um elemento desconhecido (para mim), e me vi em pé — na verdade, de pé dentro do solo, como parecia. Eu estava cercado compacta e densamente por todos os lados, acima e abaixo, direita e esquerda, pela terra e no lodo e, ainda assim, ela não pesava e parecia bastante imaterial e transparente aos meus sentidos. Não percebi nem por um segundo o absurdo total, ou melhor, a impossibilidade daquele fato aparente! Um segundo mais, um instante curto, e percebi — oh, horror inexprimível quando penso nisso agora; pois, embora eu notasse, percebesse e registrasse fatos e eventos com muito mais clareza do que nunca, não pareço ser tocado de outra maneira pelo que vi. Sim — percebi um caixão aos meus pés. Era uma ataúde simples e despretensioso, feito de acordo, o último repouso do indigente, no qual, apesar de sua tampa fechada, vi claramente uma caveira horrível e sorridente, um esqueleto de homem, mutilado e quebrado em muitas partes, como se tivesse sido tirado de alguma câmara secreta da extinta Inquisição, onde havia sido submetido à tortura. "Quem pode ser?" — Eu pensei.

Neste momento, ouvi novamente de longe a mesma voz — a minha voz... "a razão ou razões porque"... ela disse; como se essas palavras fossem a continuação ininterrupta da mesma sentença da qual acabara de repetir as duas palavras "aprender a". Soava perto, embora de alguma distância incalculável; dando-me então a ideia de que a longa jornada subterrânea, as subsequentes reflexões e descobertas mentais, não haviam tomado tempo; haviam sido executadas durante o intervalo curto, quase instantâneo, entre as primeiras palavras e as intermediárias da sentença, começadas, pelo menos, se não fossem pronunciadas por mim mesmo, em meu quarto em Kioto, e que agora estava terminando as interrompidas, interrompidas frases, como um eco fiel das minhas próprias palavras e voz...

[2] *Escuridão cimeriana* (*cymmerian darkness*) refere-se ao mito grego clássico de um povo que vivia em uma terra de escuridão na periferia do mundo. (NT).

Imediatamente, os hediondos restos mutilados começaram a assumir uma forma e, para mim, de aparência muito familiar. As partes quebradas se juntaram umas às outras, os ossos ficaram cobertos mais uma vez com carne, e eu reconheci nesses restos desfigurados — com alguma surpresa, mas sem nenhum traço de sentimento à vista — o marido morto da minha irmã, meu próprio cunhado, a quem eu tinha, por causa dela, amado tão verdadeiramente. "Como foi, e como ele veio a morrer de forma tão terrível?" — eu perguntei a mim mesmo. Ao formular uma pergunta parecia, no estado em que eu estava, receber a resposta instantaneamente. Com dificuldade me fiz a pergunta, então, como se estivesse defronte a um panorama, vi o quadro retrospectivo da morte do pobre Karl, em toda a sua horripilante vivacidade e com todos os detalhes emocionantes, frente aos quais, entretanto, fiquei inteira e brutalmente indiferente. Aqui está ele, o querido velho companheiro, cheio de vida e alegria diante da perspectiva de emprego mais lucrativo, examinando e testando uma fábrica de serrar madeira, um monstro a vapor recém-chegado da América. Ele se inclina, examina mais de perto um mecanismo interno, aperta um parafuso. Suas roupas são apanhadas pelos dentes da roda giratória, e de repente ele é arrastado para baixo, dobrado para cima, e seus membros cortados ao meio, arrancados, antes que os operários, não familiarizados com a máquina, possam pará-la. Ele é retirado, ou o que resta dele, morto, mutilado, uma coisa horrorosa, uma massa irreconhecível de carne palpitante e sangue! Eu sigo os restos mortais, levados como uma pilha irreconhecível para o hospital, ouço a ordem dada brutalmente para que os mensageiros da morte no seu caminho parem na casa da viúva e dos órfãos. Eu os sigo e encontro a família desavisada calmamente reunida. Eu vejo minha irmã, a querida e amada, e permaneço indiferente diante do quadra, apenas me sentindo altamente interessado na cena que se aproxima. Meu coração, meus sentimentos, até mesmo minha personalidade, parecem ter desaparecido, sido deixados para trás, pertencendo a outra pessoa.

Ali "eu" paro e testemunho a recepção despreparada das notícias medonhas. Percebo claramente, sem um momento de hesitação ou erro, o efeito do choque sobre a minha irmã, eu noto claramente, acompanhando e gravando nos mínimos detalhes, as suas sensações e o processo interno que ocorre nela. Eu assisto e me lembro, não faltando um único ponto.

Quando o cadáver é trazido à casa para identificação, ouço um longo grito de agonia, o meu próprio nome pronunciado e o baque surdo do corpo vivo caindo sobre os restos do morto. Segui com curiosidade a emoção súbita e a perturbação instantânea em seu cérebro que se seguiu e observo com atenção o movimento vermiforme imenso e intensificado das fibras tubulares, a mudança instantânea de cor na extremidade cefálica do sistema nervoso, o tecido nervoso fibroso passando do branco para o vermelho brilhante e, em seguida, para o vermelho escuro, de tonalidade azulada. Percebo o lampejo súbito de uma radiância brilhante, semelhante ao fósforo, seu tremor e súbita extinção seguida pela escuridão — completa escuridão na região da memória — enquanto a radiância, comparável em sua forma apenas a uma forma humana, escorre de repente do topo da cabeça, expande-se, perde a sua forma e se espalha. E eu digo a mim mesmo: "Isto é loucura; insanidade incurável por toda a vida, pois o princípio da inteligência não está paralisado ou extinto temporariamente, mas acabou abandonando o tabernáculo para sempre, ejetado dele pela terrível força do súbito golpe... A ligação entre o animal e a essência divina está quebrada"... E quando o termo não familiar "divino" é proferido mentalmente meu "pensamento" ri.

De repente, ouço de novo a minha voz distante e ainda próxima pronunciar enfaticamente e por perto de mim as palavras... "porque minha irmã parou de repente de escrever"... E antes que as duas últimas palavras "para mim" tenham completado a frase, vejo uma longa série de tristes eventos, imediatamente após a catástrofe.

Observo a mãe, agora uma idiota desamparada e humilhada no asilo para lunáticos, anexo ao hospital da cidade; as sete crianças mais jovens admitidas em um refúgio para indigentes. Vejo finalmente os dois mais velhos, um menino de quinze anos e uma menina um ano mais nova, meus favoritos, ambos levados a serviço de estranhos. O capitão de um veleiro leva embora meu sobrinho, uma velha judia adota a tenra jovem. Eu vejo os eventos com todos os seus horrores e detalhes arrepiantes e gravo cada um nos mínimos detalhes com a maior frieza.

Assim pois, assinalo: quando uso tais expressões como "horrores" etc., elas devem ser entendidas como uma reflexão posterior. Durante todo o tempo dos eventos descritos, não experimentei nenhuma sensação de dor ou piedade. Meus sentimentos pareciam estar paralisados bem como meus sentidos externos, foi só depois de "voltar" que eu percebi minhas perdas irrecuperáveis em toda a sua extensão.

Muito do que neguei tão veementemente naqueles dias tenho que admitir agora, devido à triste experiência pessoal. Naquele momento, se eu tivesse sido informado por alguém que o homem poderia agir, pensar e sentir independentemente de seu cérebro e de seus sentidos e, mais do que isso, por algum misterioso e até hoje poder incompreensível para mim, pudesse ser transportado mentalmente a milhares de quilômetros de distância de seu corpo, para testemunhar não apenas acontecimentos presentes, mas também passados e lembrar deles, armazenando-os na sua memória — eu teria declarado louca aquela pessoa. Ai, eu não posso mais fazer isso, pois eu mesmo me tornei aquele "homem louco". Dez, vinte, quarenta, centenas de vezes durante o curso desta minha vida miserável, vivi repetidamente esses momentos de existência fora do meu corpo. Amaldiçoada seja aquela hora em que esse poder terrível foi despertado pela primeira vez em mim! Não tenho nem mesmo o consolo de atribuir tais vislumbres de eventos à distância à insanidade. Os loucos deliram e veem aquilo que não existe no reino ao qual pertencem. Minhas visões mostraram-se invariavelmente corretas. Mas, para minha desgraça.

Mal tive tempo de ver minha desafortunada sobrinha em sua nova casa israelita, quando senti um novo choque da mesma natureza daquele que me fizera "nadar" pelas entranhas da terra, como eu pensara. Abri os olhos em meu próprio quarto e a primeira coisa em que me fixei acidentalmente foi o relógio. Os ponteiros do mostrador mostravam cinco horas e sete minutos e meio! ... Assim, passei por essas experiências terríveis, que me levam horas para narrar, precisamente em meio minuto!

Mas isso também foi uma reflexão tardia. Por um breve instante não recordei nada do que tinha visto. O intervalo entre o momento em que olhei para o relógio ao pegar o espelho da mão do *yamabooshi* e essa segunda olhada, pareceu-me fundido num só. Eu estava apenas abrindo os lábios para despachar o *yamabooshi* com seu experimento, quando a lembrança completa do que eu acabara de ver brilhou como um relâmpago no meu cérebro. Dando um grito de horror e desespero, senti como se toda a criação tivesse me esmagando sob seu peso. Por um momento permaneci sem palavras, a imagem da ruína humana em meio a um mundo de morte e desolação. Meu coração afundou em angústia: minha desgraça estava selada; e uma tristeza sem esperança pareceu se estabelecer em mim para o resto da minha vida.

## Retorno das dúvidas

Então veio uma reação tão súbita quanto minha própria dor. Uma dúvida surgiu em minha mente, que logo se transformou em um desejo feroz de negar a verdade do que eu tinha visto. Uma resolução persistente de tratar a coisa toda como um sonho vazio e sem sentido, o efeito da minha mente sobrecarregada, apossou-se de mim. Sim; era apenas uma visão falsa, uma trapaça idiota de meus próprios sentidos, sugerindo imagens de morte e sofrimento que haviam sido evocadas por semanas de incerteza e depressão mental.

"Como pude ver tudo o que vi em menos de meio minuto?" — exclamei. "A teoria dos sonhos, a rapidez com que as mudanças materiais das quais dependem nossas ideias visuais, que são excitadas nos gânglios hemisféricos, é suficiente para explicar a longa série de eventos que pareci experimentar. Somente no sonho podem as relações de espaço e tempo ser tão completamente aniquiladas. O *yamabooshi* nada tem a ver com esse pesadelo desagradável. Ele está apenas colhendo o que foi semeado por mim mesmo e, usando alguma droga infernal de que a sua seita tem o segredo, planejou fazer-me perder a consciência por alguns segundos e ter essa visão — tão mentirosa quanto horrível. Fora todos esses pensamentos, eu não acredito neles! Em poucos dias haverá um vapor partindo para a Europa ... eu viajarei tão logo!

Este monólogo desarticulado foi pronunciado por mim em voz alta, sem considerar as presenças do meu respeitado amigo bonzo, Tamoora, e do *yamabooshi*. Esse último estava de pé diante de mim na mesma posição de quando colocou o espelho em minhas mãos e ficou olhando para mim com calma, talvez fosse melhor dizer olhando através de mim, e num silêncio solene. O bonzo, cujo semblante amável estava radiante de simpatia, aproximou-se de mim como se ele fosse uma criança doente, e gentilmente pousou a mão na minha e, com lágrimas nos olhos, disse: "Amigo, você não deve deixar esta cidade antes de ter sido completamente purificado do seu contato com os *daij-djins* (espíritos) inferiores, que tiveram que ser usados para guiar a sua alma inexperiente para os lugares que ansiava por ver. A entrada para o seu eu interno deve ser fechada para evitar a sua perigosa intrusão. Não perca tempo, portanto, meu Filho, e permita que o santo mestre, acolá, purifique você de uma vez."

Mas nada pode ser mais surda à razão do que a raiva uma vez despertada. "A seiva da razão" não podia mais "apagar o fogo da paixão" e, naquele momento, eu não estava em condições de ouvir a sua voz amistosa. O rosto dele jamais serei capaz de recordar sem sentimento genuíno; seu nome sempre pronunciarei com um suspiro de emoção; mas naquela hora memorável em que minhas paixões estavam inflamadas até o calor branco, senti quase um ódio pelo bom, gentil e velho homem, não o pude perdoar por sua interferência no presente evento. Assim, para cada resposta, ele recebeu de mim, portanto, uma repreensão severa, um protesto violento de minha parte contra a ideia de que eu poderia considerar a visão que tive sob qualquer outra luz que não fosse a de um sonho vazio, e seu *yamabooshi* como algo melhor que um impostor. "Partiria amanhã, se tivesse de perder toda a minha fortuna como penalidade" — exclamei, pálido de raiva e desespero.

"Você vai se arrepender por toda a sua vida, se você fizer isso antes que o homem santo tenha fechado cada entrada em você contra os intrusos que já estão atentos e prontos para entrar pela porta aberta", foi a resposta. "Os *daij-djins* terão o melhor de você."

Eu o interrompi com uma risada brutal e um interrogatório ainda mais grotesco sobre as taxas que eu deveria pagar ao *yamabooshi* por sua experiência comigo.

"Ele não precisa de recompensa", foi a resposta. "A ordem à qual ele pertence é a mais rica do mundo, na medida em que os seus adeptos não precisam de nada, pois estão acima dos desejos terrenos e venais. Não o insulte, o bom homem veio ajudá-lo por pura simpatia por seu sofrimento e para aliviá-lo da agonia mental".

Mas eu não ouviria palavras razoáveis e de sabedoria. O espírito de rebelião e orgulho tomara posse de mim e fez com que eu desconsiderasse todo sentimento de amizade pessoal ou mesmo o simples sentido de decência. Felizmente para mim, ao me virar para pedir ao monge terapeuta que saísse de minha presença, descobri que ele tinha ido embora.

Eu não o tinha visto se mover e atribui a sua partida furtiva ao medo de ter sido detectado e compreendido.

Idiota! Idiota convencido que eu era! Por que deixei de reconhecer o poder do *yamabooshi*, e que a paz de toda a minha vida estava partindo com ele daquele momento em diante? Mas eu estraguei tudo. Mesmo o demônio adormecido de meus longos medos — a incerteza — estava agora totalmente dominado por esse ceticismo diabólico — o mais tolo de todos. Uma incredulidade surda e mórbida, uma negação obstinada da evidência de meus próprios sentidos e uma vontade determinada de considerar toda a visão como uma fantasia de minha mente exausta haviam se apoderado de mim.

"Minha mente", argumentei, "o que é isso?" Devo acreditar com os supersticiosos e os fracos que esse composto de fósforo e matéria cinzenta é de fato a minha parte superior, que pode atuar e ver independentemente dos meus sentidos físicos? Nunca! Também acreditam nas 'inteligências' planetárias do astrólogo, tal como nos *daij-djins* de meu crédulo, embora bem intencionado, amigo, o sacerdote. Também confessam alguns sua crença em Júpiter e no Sol, Saturno e Mercúrio, e que aquelas inteligências guiam suas esferas e se preocupam com os mortais, como para dar um caráter de seriedade às nulas entidades aéreas que supostamente guiaram minha 'alma' em seu sonho desagradável! Eu abomino e rio da ideia absurda. Considero um insulto pessoal ao intelecto e aos poderes racionais de raciocínio de um homem falar de criaturas invisíveis, "inteligências subjetivas" e todo esse tipo de superstição insana. Em suma, implorei ao meu amigo bonzo que me poupasse de seus protestos e, portanto, do desagrado de romper com ele para sempre.

Assim, eu delirava e discutia diante do venerável cavalheiro japonês, fazendo tudo ao meu alcance para deixar em sua mente a indelével convicção de eu ter ficado louco subitamente. Mas sua admirável tolerância se mostrou mais do que igual à minha paixão idiota; e ele me implorou mais uma vez, em nome de todo o meu futuro, a se submeter a certos "rituais purificadores necessários".

"Nunca! Prefiro morar na atmosfera rarefeita do nada com a bomba de ar, ou a incredulidade saudável, do que no nevoeiro turvo de uma superstição tola", argumentei, parafraseando a observação de Richter. "Eu não vou acreditar", repeti; "mas como não posso mais suportar tanta incerteza sobre minha irmã e a sua família, voltarei no primeiro navio para a Europa."

Essa determinação final perturbou meu velho conhecido por completo. Sua sincera oração para não partir antes que eu tivesse visto o yamabooshi mais uma vez, não despertou a minha atenção.

"Amigo de uma terra estrangeira!" — ele choramingou: "eu rezo para que você não se arrependa de sua incredulidade e precipitação. Que o "Santo Uno" [Kwan-On, a deusa da misericórdia] te proteja dos *djins*! Porque, caso você se recuse a submeter-se ao processo de purificação nas mãos do santo *yamabooshi*, ele será impotente para defendê-lo das más influências evocadas por sua incredulidade e desafio à verdade, mas permita-me, nesta hora de despedida, eu lhe peço, deixe um homem mais velho que deseja o seu bem avisá-lo mais uma vez e persuadi-lo de coisas que você ainda não sabe. Posso falar?"

"Vá em frente e dê a sua opinião", foi o assentimento deselegante. "Mas deixe-me avisá-lo, por minha vez, que nada que você possa dizer fará de mim um crente em suas infames superstições." Isto foi adicionado com a cruel sensação de prazer em presentear mais um insulto desnecessário.

Mas o excelente homem desconsiderou esse novo desdém como todos os outros. Jamais esquecerei a sinceridade solene de suas palavras de despedida, o olhar compassivo e arrependido em seu rosto quando descobriu que, de fato, tudo não tinha sentido algum, que por sua gentil interferência, ele apenas me levara à destruição.

"Empreste-me seu ouvido, bom senhor, pela última vez", começou ele, "aprenda que a menos que o santo e venerável homem que, para aliviar a sua aflição, abriu a sua 'visão da alma' tenha permissão para completar seu trabalho, a vida futura será, de fato, pouco digna de ser vivida. Ele tem que o salvaguardar das repetições involuntárias de visões do mesmo caráter. A menos que você consinta de livre vontade o serviço complementar, você terá, sem embargo, que ser deixado à mercê das forças que irão persegui-lo, e persegui-lo até a beira da insanidade. Saiba que o desenvolvimento da *'long vision'* [clarividência] — que é realizado à vontade apenas por aqueles para quem a Mãe de Misericórdia, a grande Kwan-On, não tem segredos — deve ser obtido, no caso do principiante, com a ajuda dos *djins aéreos* (espíritos elementais), cuja natureza é sem alma e, portanto, iníqua. Saiba também que, enquanto o *arihat*, "o destruidor do inimigo", sujeitou e fez dessas criaturas seus servos, não tem nada a temer, mas quem não tem poder sobre elas é seu escravo. Não, no seu grande orgulho e desconhecimento não ria, mas ouça mais. Durante o tempo da visão e enquanto as percepções internas são direcionadas para os eventos que eles buscam, os *daij-djim* têm o vidente, mas quando se trata de um vidente novato e inexperiente como você — eles o têm o inteiramente sob seu poder; e nesse período esse vidente não é mais ele mesmo. Ele participa da natureza de seu "guia". O *daij-djim* que dirige a sua visão interior mantém a sua alma em estado lastimável, fazendo dela, enquanto durar o estado, uma criatura como ele. Privado de sua luz divina, o homem é apenas um ser sem alma; portanto, durante o tempo de tal conexão, ele não sentirá emoções humanas, nem piedade nem medo, amor ou misericórdia."

"Aguarde!" Eu involuntariamente exclamei, enquanto as palavras traziam de volta às minhas lembranças a indiferença, em minha "alucinação, com que eu havia testemunhado o desespero de minha irmã com a súbita perda de razão." "Aguarde!... Mas não; ainda é pior loucura para mim prestar atenção ou encontrar algum sentido em sua história ridícula! Mas, se você sabia que era tão perigosa, por que aconselhou a experiência?" Eu completei zombeteiramente.

"Tinha que durar apenas alguns segundos, e nenhum mal poderia ter resultado disso, se você tivesse cumprido sua promessa de se submeter à purificação," foi a resposta triste e humilde. "Eu lhe desejei bem, meu amigo, e meu coração estava quase quebrando por ver você sofrendo dia após dia. O experimento é inofensivo quando dirigido por alguém que sabe, e só se torna perigoso quando a precaução final é negligenciada. É o 'Mestre das Visões' aquele que abriu uma entrada em sua alma, que tem que fechá-la usando o Selo de Purificação contra qualquer posterior ingresso deliberado de ..."

"O 'Mestre das Visões' certamente!" Eu gritei, brutalmente interrompendo-o, "diga antes o mestre da impostura!"

O olhar de tristeza em seu velho rosto era tão intenso e doloroso de se ver que percebi que tinha ido longe demais; mas, era tarde demais.

"Adeus, então!" disse o velho bonzo, levantando-se; e depois de realizar as cerimônias habituais de polidez, Tamoora saiu da casa em digno silêncio.

## Parto – Mas não sozinho

Embarquei vários dias depois, mas durante o resto de minha estada não vi mais o meu venerável amigo, o bonzo.

Evidentemente, naquela última e sempre memorável noite, ele ficou seriamente ofendido com a minha mais do que irreverente, insultuosa, observação sobre alguém a quem ele tão justamente respeitava. Eu senti pena dele, mas a roda de paixão e do orgulho trabalhou incessantemente não permitindo que eu sentisse um único momento de remorso. O que foi que me fez apreciar tanto o prazer da ira, a tal ponto de, por um instante, quando aconteceu de eu perder de vista a minha suposta queixa contra o *yamabooshi*, ter imediatamente me atirado de volta a uma espécie de fúria artificial contra ele. Ele havia realizado apenas o que se esperava que fizesse e o que prometera tacitamente; não só isso, mas fui eu mesmo que o privara da possibilidade de fazer mais, mesmo para minha própria proteção, se pudesse acreditar no bonzo — um homem que eu sabia ser totalmente digno e confiável. Foi arrependimento por ter sido forçado pelo meu orgulho a recusar a proteção oferecida ou foi o medo do remorso que me fez juntar, em meu coração, durante aquelas horas maléficas, os menores detalhes do suposto insulto àquele mesmo orgulho suicida? O remorso, como bem observou um poeta antigo, "é como o coração em que cresce:

"... se orgulhosa e sombria,
É uma árvore envenenada que penetrou ao máximo
Só chora lágrimas de sangue"...

Por outro lado, foi o medo indefinido de algo desse tipo que me fez permanecer tão obstinado e levou-me a desculpar, sob a alegação de terrível provocação, até mesmo os insultos não provocados que eu havia despejado sobre a cabeça do meu amigo gentil e indulgente, o sacerdote. No entanto, agora era tarde demais para recordar as palavras de ofensa que eu havia proferido, e tudo que pude fazer foi prometer a mim mesmo a satisfação de escrever-lhe uma carta amigável, tão logo chegasse em casa. Tolo, tolo cego, estava eufórico com a própria presunção insolente que eu era! Tão certo eu sentia que a minha visão era devida apenas a algum truque do *yamabooshi* que eu realmente regozijei-me com o triunfo vindouro ao escrever para o bonzo que eu estava certo em responder suas tristes palavras de despedida com um sorriso incrédulo, porquanto minha irmã e família gozavam de boa saúde — felizes!

Ainda não se completara uma semana no mar, antes de eu ter motivos para lembrar suas palavras de advertência!

Desde o dia da minha experiência com o espelho mágico, eu percebi uma grande mudança em todo o meu estado, e atribuí-a, em primeiro lugar, à depressão mental contra a qual eu vinha lutando por tantos meses. Durante o dia eu muitas vezes me vi ausente das cenas ao derredor, perdendo a visão por vários minutos de coisas e pessoas. Minhas noites eram perturbadas, meus sonhos opressivos e, às vezes, horríveis. Bom marinheiro eu era certamente; além disso, o tempo estava excepcionalmente bom, o oceano estava tão calmo quanto um lago. Apesar disso, muitas vezes senti uma vertigem estranha, e os rostos familiares dos meus companheiros de viagem assumiam, nessas ocasiões, aparências as mais grotescas. Assim, um jovem alemão que eu conhecia bem foi subitamente transformado diante de meus olhos em seu velho pai, que havíamos colocado no pequeno túmulo da colônia europeia há cerca de três anos antes. Estávamos conversando no convés sobre o finado e de um certo arranjo comercial dele, quando a cabeça de Max Grunner me apareceu como se estivesse coberta por uma estranha película. Uma névoa grossa e acinzentada o envolveu, e condensou-se gradualmente ao redor e sobre seu semblante saudável, instalou-se repentinamente na velha cabeça sombria que eu tinha visto coberta com seis pés de terra. Em outra ocasião, enquanto o capitão falava de um ladrão malaio que ele havia ajudado a segurar e alojar na cela, vi perto dele o rosto amarelo e vil de um homem que correspondia à sua descrição. Mantive silêncio sobre tais alucinações; mas, à medida que se tornavam cada vez mais frequentes, eu me sentia muito perturbado, embora ainda as atribuísse a causas naturais, como as que eu havia lido em livros de medicina.

Certa noite, fui despertado abruptamente por um longo e alto grito de angústia. Era uma voz de mulher, queixosa como a de uma criança, cheia de terror e de desespero desamparado. Acordei e encontrava-me em terra num aposento desconhecido. Uma jovem, quase uma criança, lutava desesperadamente contra um homem de meia-idade que a surpreendeu em seu próprio quarto durante o sono. Atrás da porta fechada e trancada, vi uma mulher idosa de sentinela, cujo rosto, apesar da expressão demoníaca, me pareceu familiar, e imediatamente reconheci: era o rosto da judia que adotara minha sobrinha como vira no sonho que tive em Kioto. Ela recebeu pagamento em ouro para participar do crime e agora estava mantendo sua parte no trato... Mas, quem era a vítima? Oh, horror inexprimível! Horror indescritível! Quando percebi a situação depois de voltar ao meu estado normal, descobri que a criança era a minha própria sobrinha.

Mas, como na minha primeira visão, não senti nada semelhante àquele desespero que nasce da afeição que enche o coração de alguém à vista de um mal feito ou de uma desgraça que se abate sobre aqueles a quem ama; nada além de uma indignação masculina na presença do sofrimento infligido aos fracos e indefesos. Corri, é claro, para resgatá-la e agarrei a irresponsável e brutal besta pelo pescoço. Eu o prendi com força, mas o homem não deu a menor atenção, ele nem pareceu sentir minha mão. O covarde, vendo-se resistido pela garota, ergueu seu braço poderoso e o punho grosso e, descendo-o como um martelo pesado sobre as mechas ensolaradas, derrubou a criança no chão. Foi com um alto grito de indignação de um estranho, não como a de uma tigresa defendendo seu filhote, que eu pulei sobre a besta indecente e tentei estrangulá-la. Então notei, pela primeira vez, que não era eu, mas sim uma sombra de mim mesmo que estava agarrando outra sombra! ...

Meus gritos altos e imprecações despertaram todo o vapor. Eles foram atribuídos a um pesadelo. Procurei não confidenciar nada a ninguém. Mas, minha vida se tornou, daquele dia em diante, uma longa série de torturas mentais; eu mal conseguia fechar os olhos sem me tornar testemunha de algum ato horrível, alguma cena de miséria, morte ou crime, seja do passado, presente ou até do futuro — como eu verifiquei mais tarde. Era como se algum demônio zombeteiro tivesse assumido a tarefa de me fazer passar pela visão de tudo que era bestial, maligno e sem esperança neste mundo de miséria. Nenhuma visão radiante de beleza ou virtude jamais iluminou com o raio mais fraco aquelas imagens de temor e desventura que eu parecia condenado a testemunhar. Cenas de iniquidade, assassinato, traição e luxúria surgiam tristemente à minha vista, e eu estava cara a cara com os resultados mais vis das paixões do homem, o resultado mais terrível de seus desejos materiais terrestres.

Teria o bonzo previsto, de fato, os resultados sombrios quando falou dos *daij-djins* a quem deixei "um ingresso", "uma porta aberta" em mim? Absurdo! Deve haver alguma mudança fisiológica anormal em mim. Uma vez em Nuremberg, quando tiver verificado o quão falsa era a direção tomada por meus medos (não ousei esperar que viesse a acontecer alguma desgraça, de modo algum) essas visões sem sentido desaparecerão à medida que surgirem. O próprio fato de que minha fantasia segue apenas uma direção, a de quadros de miséria, de paixões humanas em sua pior forma material, é uma prova, para mim, de sua irrealidade.

"Se, como você diz, o homem consiste de uma substância, matéria, o objeto dos sentidos físicos; e se a percepção com seus modos é apenas o resultado da organização do cérebro, então deveríamos ser naturalmente atraídos mais para o material, o terreno "... Pensei ter ouvido a voz familiar do bonzo interrompendo minhas reflexões e repetindo um argumento frequentemente usado por ele em suas discussões comigo.

> Há dois planos de visões diante dos homens", ouvi-o novamente dizer, "o plano do amor eterno e das aspirações espirituais, o efluxo da luz eterna; e o plano da matéria turbulenta, sempre mutável, a luz na qual os extraviados *daij-djins* se banham.

## Eternidade num curto sonho

Naquela época, eu mal conseguia conceber, nem por um momento, o absurdo da crença em qualquer tipo de espírito, fosse bom ou ruim. Agora eu entendia, se é que não acreditava, o que significava o termo, embora ainda persistisse na esperança de que finalmente ficasse provada alguma desordem física ou alucinação nervosa. Para fortalecer mais a minha incredulidade, tentei trazer de volta à minha memória todos os argumentos usados contra a fé em tais superstições que eu já havia lido ou ouvido. Recordei os sarcasmos mordazes de Voltaire, o raciocínio tranquilo de Hume, e repeti para mim mesmo *ad nauseam* as palavras de Rousseau, que dizia que a superstição, "a perturbação da sociedade", jamais poderia ser atacada com força suficiente. Argumentava eu: "Por que a visão, a fantasmagoria, ou melhor, aquilo que sabemos ser falso quando os sentidos estão despertos, chega a nos afetar de algum modo?" Porque deveriam:

"Conceitos, cujo sentido não vemos
Brincar conosco com coisas que não existem?"

Um dia, o velho capitão estava narrando para nós as várias superstições em que os marinheiros eram viciados. Um pomposo missionário inglês observou que Fielding havia declarado há muito tempo que "a superstição torna um homem um tolo" — depois do que, ele hesitou por um instante e parou abruptamente. Eu não participava da conversa geral, mas assim que o reverendo orador se aliviou da citação, eu vi naquele halo de luz vibrante que agora eu via quase constantemente sobre cada cabeça humana no navio, as palavras da próxima proposição de Fielding: "e o ceticismo o deixa louco."

Eu tinha ouvido e lido sobre as alegações dos supostos videntes de que, muitas vezes, veem os pensamentos das pessoas traçados na aura dos presentes. Seja qual for o significado de "aura" para os outros, eu tive agora uma experiência pessoal da veracidade da afirmação e senti-me suficientemente enojado com a descoberta! Eu — um clarividente! um novo horror adicionado à minha vida, um absurdo e ridículo presente desenvolvido que terei que esconder de todos, sentindo-me envergonhado como se fosse um caso de lepra. Neste momento, meu ódio ao *yamabooshi* e até mesmo ao meu venerável velho amigo, o bonzo, não conhecia limites. O primeiro tinha evidentemente, por suas manipulações sobre mim enquanto eu estava deitado inconsciente, tocado alguma mola fisiológica desconhecida em meu cérebro, e ao soltá-la havia lançado uma faculdade geralmente escondida na constituição humana; e foi o sacerdote japonês que introduziu o infeliz em minha casa!

Mas a minha raiva e as minhas maldições eram igualmente inúteis e improdutivas. Além disso, já estávamos em águas europeias e em poucos dias estaríamos em Hamburgo. Então minhas dúvidas e medos sossegariam, e eu deveria confirmar, para meu imenso alívio, que embora a clarividência, no que diz respeito à leitura de pensamentos humanos no local, possa ter alguma verdade, o discernimento de tais eventos à distância, como eu sonhara, era uma impossibilidade para as faculdades humanas. Apesar de todo o meu raciocínio, contudo, meu coração estava cheio de medo e pressentimentos funestos. Eu senti que meu destino estava se fechando. Sofri terrivelmente, minha prostração nervosa e mental se intensificava dia após dia.

Na noite que antecedeu a entrada no porto, tive um sonho.

Eu imaginei que estava morto. Meu corpo estava frio e enrijecido em seu último sono, ao tempo em que minha consciência agonizante, que ainda se considerava "eu", percebendo o acontecimento, parecia preparar-se para encontrar em poucos segundos a sua própria extinção. Sempre acreditei que o cérebro preserva o calor por mais tempo de que qualquer outro órgão e é o último a cessar a sua atividade, e o pensamento nele sobrevive à morte do corpo por vários minutos. Portanto, não fiquei nem ao menos surpreso de descobrir no meu sonho que, embora o corpo já tivesse atravessado aquele abismo terrível do qual "nenhum mortal pode regressar", sua consciência ainda estava no crepúsculo cinzento, as primeiras sombras do grande mistério. Assim, meu pensamento envolto, como eu acreditava, nos restos de sua vitalidade que escapava de instante a instante, observava com intensa e ansiosa curiosidade as abordagens de sua própria dissolução, ou seja, de sua aniquilação. "Eu" estava me apressando para registrar minhas últimas impressões, para que o escuro manto do esquecimento eterno me envolvesse, antes que eu tivesse tempo de sentir e desfrutar o grande, o supremo, triunfo de aprender que minhas convicções de longa data eram verdadeiras, que a morte é uma completa e absoluta cessação do ser consciente. Tudo ao meu redor estava ficando mais escuro a cada momento. Vastas sombras cinzentas estavam se movendo diante da minha visão, lentamente a princípio, depois com um movimento acelerado, até que começaram a girar ao redor com uma rapidez quase vertiginosa. Então, como se aquele movimento tivesse ocorrido com o propósito de fermentar a escuridão, a velocidade diminuiu e cessou completamente, de vez que o objetivo fora alcançado, e a escuridão se transformou gradualmente em intensa escuridão. Não havia nada agora dentro das minhas percepções imediatas, mas aquele espaço negro insondável, tão escuro quanto o breu; para mim, parecia tão ilimitado e silencioso quanto o ilimitado oceano da eternidade, sobre o qual o tempo, a progênie do cérebro do homem, está sempre planando, mas nunca pode atravessar.

O sonho é definido por Cato como sendo "antes a imagem de nossas esperanças e medos". Nunca tendo temido a morte quando acordado, senti-me neste sonho calmo e sereno com a ideia do meu fim rápido. Na verdade, senti-me bastante aliviado com o pensamento (provavelmente devido ao meu sofrimento mental recente) de que o fim de tudo, da dúvida, do medo por aqueles que eu amava, pelo sofrimento e por toda ansiedade, estava à mão. A angústia constante que vinha corroendo incessantemente meu coração pesado e dolorido por um mês longo e fatigante se tornara insuportável; e se, como Sêneca pensa, a morte é apenas "a cessação de ser o que éramos antes", era melhor que eu morresse. O corpo está morto; "eu", sua consciência — aquilo que é tudo o que resta de mim agora, por mais alguns momentos — estou me preparando para seguir. As percepções mentais se enfraquecerão, tornar-se-ão mais obscuras e confusas a cada segundo, até que a ânsia pelo esquecimento me envolva completamente em sua mortalha fria. Doce é a mão mágica da morte, a grande consoladora do mundo; profundo e sem sonhos é o sono em seus braços inflexíveis. Sim, em verdade, é uma convidada bem-vinda... Um refúgio calmo e pacífico em meio às ondas que rugem no oceano da vida, cujos vagalhões castigam em vão as margens da morte. Feliz o barco solitário que mergulha nas águas paradas de seu golfo negro, depois de ter sido tão longa e cruelmente jogado pelas ondas furiosas da vida senciente. Atracado nele para sempre, não precisando mais de vela nem de leme, meu barco agora encontrará descanso. Bem-vindo então, ó morte, a esse preço tentador; e cuide bem de você, pobre corpo, que, não tendo nem buscado nem obtido dele prazer, agora desisto prontamente!

Enquanto entoando esse hino à morte da forma que está prostrada diante de mim, eu me inclinei e a examinei com curiosidade. Senti a escuridão circundante me oprimindo, pesando sobre mim quase tangivelmente, e imaginei ter encontrado a aproximação do libertador que estava acolhendo. E ainda assim, muito estranho! Se a morte final real ocorre em nossa consciência; se depois da morte corporal, "eu" e minhas percepções conscientes são uma — como é que essas percepções não se tornam mais fracas, por que minha ação cerebral parece tão vigorosa como sempre... já que eu estou de fato morto? ... Nem o sentimento usual de ansiedade, o chamado "coração pesado", diminui de intensidade; ao contrário, ele se sente ainda parece pior... indizivelmente assim! . . . . Quanto tempo leva para o completo esquecimento chegar! ... Ah, aqui está meu corpo de novo! ... Desapareceu de vista por um segundo ou dois, reaparece diante de mim mais uma vez... Quão branco e medonho parece! Ainda ... seu cérebro não pode estar completamente morto, já que "eu", sua consciência, ainda estou agindo, já que nós dois imaginamos que ainda somos, que vivemos e pensamos, desconectados de nosso criador e de suas células idiotas.

De repente, senti um forte desejo de ver quanto tempo o processo de dissolução duraria antes de colocar seu último lacre no cérebro e torná-lo inativo. Examinei meu cérebro na sua cavidade craniana, através de (para mim) paredes inteiramente transparentes e do teto do crânio, e até toquei a matéria cerebral... Como ou com que mãos, agora sou incapaz de dizer; mas a impressão da matéria viscosa e intensamente fria produziu uma impressão muito forte em mim naquele sonho. Para minha grande consternação, descobri que o sangue havia se congelado completamente, e que os tecidos cerebrais sofreram uma mudança que não permitia mais nenhuma ação molecular; tornou-se impossível explicar os fenômenos que agora ocorrem comigo mesmo. Aqui estava eu — ou minha consciência, que é toda uma — aparentemente desconectada por completo do meu cérebro que não podia mais funcionar... Mas eu não tinha tempo para reflexão. Uma nova e extraordinária mudança em minhas percepções haviam ocorrido e agora absorvia toda a minha atenção... O que isso significa? ...

A mesma escuridão estava ao meu redor como antes, um espaço negro e impenetrável, estendendo-se em todas as direções. Apenas agora, bem diante de mim, em qualquer direção que eu estivesse olhando, movendo-se comigo para onde quer que eu me movesse, havia um gigantesco relógio redondo; um disco, cuja grande face branco brilhava sinistramente no fundo preto de ébano. Quando olhei para o enorme mostrador e para o pêndulo movendo-se para lá e para cá regular e lentamente no espaço, como se seu balanço significasse dividir a eternidade, vi seus ponteiros apontando para cinco horas e sete minutos. "A hora em que minha tortura começou em Kioto!" Eu mal encontrara tempo para pensar na coincidência, quando, para meu horror indescritível, senti-me passando pelo mesmo processo, idêntico, que me fizeram experimentar naquele dia memorável e fatal. Eu nadei no subsolo, correndo rapidamente pela terra; encontrei-me, mais uma vez, no túmulo pobre e reconheci meu cunhado nos restos mutilados; testemunhei sua morte terrível; entrei na casa da minha irmã; segui a sua agonia e a vi enlouquecer. Voltei às mesmas cenas sem perder um único detalhe delas. Mas, ai de mim! Não estava mais aferrada na calma indiferença que tivera e que naquela primeira visão me deixara insensível ao grande infortúnio, como se eu fosse um objeto de pedra, sem coração. Minhas torturas mentais estavam agora ficando além da descrição e quase insuportáveis. Mesmo o desespero estabelecido, a ansiedade inesgotável que eu estava constantemente experimentando quando acordado, tinha se tornado agora, em meu sonho e em face dessa repetição de visões e eventos, como uma hora de pouca luz do Sol comparada a um ciclone mortal. Oh! como sofri com essa riqueza e pompa de horrores infernais, para os quais a convicção da sobrevivência da consciência do homem após a morte, pois naquele sonho eu acreditava firmemente que meu corpo estava morto, acrescentou o mais aterrorizante de todos!

O alívio relativo que senti quando, depois de passar pela última cena, vi mais uma vez a grande face branca do mostrador à minha frente não era de longa duração. O longo ponteiro em forma de flecha apontava para o colossal disco: cinco horas e sete minutos e meio. Mas, antes que eu tivesse tempo de perceber a mudança, o ponteiro moveu-se lentamente para trás, parou precisamente no sétimo minuto e — ó destino amaldiçoado! . . . . Encontrei-me numa repetição da mesma série novamente! Mais uma vez nadei no subsolo, vi, ouvi e sofri todas as torturas que o inferno pode proporcionar; passei por todas as angústias mentais conhecidas pelo homem ou pelo demônio. Voltei para ver o mostrador fatal e o seu ponteiro — depois do que pareceu uma eternidade – que se moveu, como antes, apenas meio minuto à frente. Observei-o, com renovado terror, movendo-se para trás outra vez, recuei novamente e senti-me impelido para a frente de novo. E assim foi, mais e mais, hora após hora, no que me pareceu uma sucessão interminável, uma série que nunca teve começo nem jamais teria fim...

Pior de tudo; minha consciência, meu "eu", aparentemente adquiriu a capacidade fenomenal de triplicar-se, quadruplicar-se e até mesmo decuplicar-se. Vivi, senti e sofri, no mesmo espaço de tempo, em meia dúzia de lugares diferentes ao mesmo tempo, passando por vários eventos da minha vida, em diferentes épocas e sob as mais diferentes circunstâncias; embora predominante acima de tudo tenha sido minha experiência espiritual em Kioto. Tal como na famosa fuga em Don Giovanni destacam-se as desgastantes notas da ária de desespero de Elvira, sem que interfiram, por isso, de modo algum com a melodia do minueto, com o canto de sedução ou com o refrão, também eu passei mil e uma vezes pelas minhas aflições e tormentos, os sentimentos de agonia indescritíveis das terríveis visões, cuja repetição não aliviou de forma alguma uma única pontada do meu desespero e horror; nem esses sentimentos enfraqueceram nas menores cenas e eventos totalmente desconectados do primeiro, que eu estava vivendo de novo ou interferindo de alguma forma um com o outro. Foi uma experiência enlouquecedora! Uma série de fantasias mentais em contraponto com a vida real. Ali estava eu durante o mesmo meio minuto, examinando com fria curiosidade os restos mutilados do marido de minha irmã; seguindo com a mesma indiferença os efeitos das notícias no cérebro dela, como na minha primeira visão Kioto, e sentindo ao mesmo tempo uma tortura infernal relativa a esses mesmos eventos, semelhantemente quando voltava à consciência. Eu estava ouvindo os discursos filosóficos do bonzo, cada palavra que eu ouvira e entendera, e estava tentando rir dele com desprezo. Eu era novamente uma criança, depois um jovem, ouvindo as vozes da minha mãe e da minha doce irmã, advertindo-me e ensinando-me meus deveres para com a humanidade. Eu estava salvando um amigo do afogamento, e zombando de seu pai idoso que me agradecia por salvar uma "alma" ainda despreparada para encontrar o seu Criador.

"Falai de consciência dual, vós psicofisiologistas!" — eu gritei em um dos momentos em que a agonia mental, e física também como me parecia, havia chegado a um grau de intensidade que teria matado uma dúzia de homens; "falai de seus experimentos psicológicos e fisiológicos, vós escolásticos cheios de orgulho e aprendizado de livros! Aqui estou eu para vos desmentir..." E agora eu estava lendo as obras e palestras de professores e conferencistas eruditos que me levaram ao ceticismo fatal. E enquanto discutia a impossibilidade de consciência divorciada do cérebro, eu estava derramando lágrimas de sangue sobre o suposto destino de meus sobrinhos. Mais terrível de tudo: eu sabia, como só uma consciência liberada pode saber, que tudo o que eu tinha visto em minha visão no Japão, e tudo o que estava vendo e ouvindo várias vezes agora era verdade em todos os pontos e detalhes, que era uma longa série de fatos medonhos e terríveis, ainda reais e reais.

Pois, talvez, pela centésima vez, eu despertei minha atenção para os ponteiros do relógio, eu havia perdido o número de minhas reviravoltas e estava rapidamente chegando à conclusão de que elas nunca parariam, que a consciência é afinal indestrutível, e que isso seria meu castigo pela eternidade. Estava começando a perceber, por experiência pessoal, como os pecadores condenados devem se sentir — "não era a condenação eterna uma impossibilidade lógica e matemática num universo em constante progresso" — eu ainda encontrei força para argumentar. Sim, de fato; nesta hora da minha crescente agonia, minha consciência (agora meu sinônimo de "eu") ainda tinha o poder de se revoltar perante certas afirmações teológicas, de negar todas as suas proposições, tudo — exceto salvar-se... Não; não mais neguei a natureza independente da minha consciência, pois agora sabia que era assim. Mas é eterna ainda assim? Ó realidade incompreensível e terrível! Mas se você é eterna, quem é você? – uma vez que não há deus, nem Deus. De onde você veio e quando apareceu pela primeira vez se não é uma parte do corpo frio que jaz além? E para onde você me guia, quem é você mesma, e o nosso pensamento e fantasia terão um fim? Qual é o seu verdadeiro nome, realidade insondável e mistério impenetrável! Oh, eu gostaria de aniquilar você... "Alma — visão"! — quem fala de alma e de quem é essa voz? ... Diz-se que agora vejo por mim mesmo que existe uma alma no homem, afinal... eu nego isso. Minha alma, minha alma vital, ou o espírito de vida, expirou com o meu corpo, com a massa cinzenta do meu cérebro. Esse meu "eu", essa consciência, ainda não está provado para mim como eterno. A reencarnação, pela qual o bonzo se sentia tão ansioso, eu deveria acreditar, pode ser verdade... Por que não? A flor não nasce, ano após ano, da mesma raiz? Por isso, esse "eu" uma vez separado de seu cérebro, perdendo seu equilíbrio e evocando uma quantidade tão grande de visões ... antes de reencarnar-se.

Eu estava novamente cara a cara com o inexorável relógio fatal. E enquanto observava os ponteiros, ouvi a voz do bonzo, saindo das profundezas do seu rosto pálido, dizendo: "nesse caso, você teria apenas que, eu receio, abrir e fechar a porta do templo repetidamente, durante um período que, embora curto, pareceria para você uma eternidade"...

O relógio desaparecera, a escuridão abrira espaço para a

luz, a voz do meu velho amigo foi afogada por uma multidão de vozes no convés; acordei no meu leito, coberto de um suor frio, e desmaiei de terror.

## Um conto de amargura

Estávamos em Hamburgo e, assim que vi meus parceiros, que mal conseguiam me reconhecer, com o assentimento deles e bons votos, parti para Nuremberg.

Meia hora depois da minha chegada, a última dúvida em relação à exatidão da minha visão havia desaparecido. A realidade era pior do que qualquer expectativa que eu poderia ter tido, e eu estava, desde então, fadado à vida mais desolada. Certifiquei-me de que tinha visto a terrível tragédia com todos os seus detalhes comoventes. Meu cunhado, morto sob as rodas de uma máquina; minha irmã, insana, e agora rapidamente afundando em direção ao seu fim; minha sobrinha — a doce flor do mais belo trabalho da natureza — desonrada num covil da infâmia; as criancinhas mortas de uma doença contagiosa em um orfanato; meu último sobrinho sobrevivente no mar, sem que ninguém soubesse onde. Uma casa inteira, um lar de amor e paz, espalhada; e eu, sozinho, testemunha deste mundo da morte, da desolação e da desonra. A notícia me encheu de desespero infinito, e afundei-me desamparado diante do desastre gigantesco e terrível que se levantou diante de mim de uma só vez. O choque foi demasiado, e eu desmaiei. A última coisa que ouvi antes de perder totalmente a consciência foi uma observação do burgomestre:

> Se você, antes de sair de Kioto, telegrafasse às autoridades municipais dando conta de seu paradeiro e de sua intenção de voltar para casa para cuidar de seus jovens parentes, poderíamos tê-los colocado em outro lugar e, assim, salvá-los do seu destino. Ninguém sabia que as crianças tinham um parente abastado. Elas foram consideradas pobres e tiveram que ser tratadas como tal. Eram relativamente desconhecidas em Nuremberg e, sob as circunstâncias infelizes, você dificilmente poderia esperar qualquer outra coisa... só posso expressar minha sincera tristeza.

Esse conhecimento terrível de que eu poderia, de qualquer modo, ter salvado minha jovem sobrinha de seu destino imerecido, mas que, por minha negligência, eu não o fizera, estava acabando comigo. Se antes eu tivesse seguido o conselho amigável do bonzo Tamoora e telegrafado às autoridades algumas semanas antes do meu retorno, muito poderia ter sido evitado. Era tudo isso, aliado ao fato de que eu não podia mais duvidar da clarividência e clariaudiência, a possibilidade que eu havia negado por tanto tempo , que me fez arriar tão pesadamente sobre os joelhos. Poderia evitar a censura de meus semelhantes, mas eu nunca poderia escapar do aguilhão de minha consciência, das censuras de meu próprio coração dolorido — não, não enquanto eu vivesse! Amaldiçoei meu ceticismo teimoso, minha negação dos fatos, minha educação precoce, amaldiçoei a mim mesmo e ao mundo inteiro...

Durante vários dias, tentei não me afundar sob minha carga, pois tinha um dever a cumprir, com os vivos e os mortos. Mas, minha irmã uma vez resgatada do hospício, colocada sob os cuidados dos melhores médicos, com sua filha para cuidar de seus últimos momentos, e a judia, que eu fiz para confessar o seu crime, posta na cadeia, minha fortaleza e força de repente me abandonaram. Quase uma semana depois da minha chegada, eu não estava melhor do que um maníaco delirante, indefeso com uma forte febre cerebral. Durante várias semanas fiquei entre a vida e a morte, a terrível doença desafiando a habilidade dos melhores médicos. Por fim, minha forte constituição prevaleceu, e eles me proclamaram salvo, para minha tristeza ao longo da vida.

Ouvi a notícia com o coração sangrando. Condenado a arrastar doravante sozinho o fardo repugnante da vida em remorso constante; não esperando por nenhuma ajuda ou remédio na Terra, e ainda recusando a acreditar na possibilidade de algo melhor do que uma curta sobrevivência da consciência além do túmulo, esse retorno inesperado à vida adicionou apenas mais uma gota de fel a meus amargos sentimentos. Eles foram espicaçados pelo retorno imediato, durante os primeiros dias da minha convalescença, daquelas visões indesejadas e inoportunas, cuja correção e realidade eu não podia mais negar. Dias infelizes! eles não estavam mais na minha mente cética e cega.

"Os filhos de um cérebro ocioso,
Começo de nada além da vã Fantasia";

mas sempre os fiéis retratos das desgraças e sofrimentos reais de meus semelhantes, dos meus melhores amigos... Sempre que ficava por um momento sozinho, encontrava-me condenado à tortura desamparada de um Prometeu acorrentado. Durante as horas mortas da noite, como se segurado por uma mão de ferro impiedosa, vi-me conduzido à cabeceira da minha irmã, forçado a vê-la ali hora após hora, e ver a silenciosa desintegração de seu organismo desperdiçado; para testemunhar e sentir os sofrimentos que o seu próprio cérebro desconcentrado não podia mais refletir ou transmitir às suas percepções. Mas havia ainda algo mais horrível para fender o dardo que nunca poderia ser extraído. Eu tinha que olhar, durante o dia, para o rosto inocente e infantil da minha jovem sobrinha, tão sublimemente pura em sua própria profanação; e testemunhar, à noite, como o pleno conhecimento e a lembrança de sua desonra, de sua jovem vida agora demolida para sempre, chegava a ela em seus sonhos, assim que estava dormindo. Os sonhos assumiam uma forma objetiva para mim, como aconteceu no vaporizador; eu tive que vivê-los novamente, noite após noite, e sentir o mesmo terrível desespero. Por enquanto, desde que eu acreditava na realidade da vidência, e cheguei à conclusão de que em nossos corpos está escondido, como na lagarta, a crisálida que pode conter, por sua vez, a borboleta — o símbolo da alma — eu não mais permaneci indiferente, como outrora, ao que testemunhei na minha alma-vida. Algo de repente se desenvolveu em mim, soltou-se de seu casulo gelado. Evidentemente, eu não via mais apenas em consequência da identificação de minha natureza interior com um *daij-djin*; minhas visões surgiram em consequência de um desenvolvimento psíquico pessoal direto, as criaturas diabólicas apenas tomavam cuidado de impedir que eu não visse nada de natureza agradável ou elevada. Assim, agora, não uma dor inconsciente no corpo emaciado de minha irmã agonizante nem uma sensação de horror no sono inquieto da minha sobrinha pela lembrança do crime perpetrado contra ela, uma criança inocente, mas encontrava um eco responsivo no meu coração que sangrava. A fonte profunda de amor e tristeza simpática jorrou do coração físico, e agora era ecoada pela alma desperta separada do corpo. Assim eu tinha que sorver a taça da miséria para os mesmos resíduos! Ai de mim, foi uma tortura diária e noturna! Oh, como eu lamentei a minha loucura orgulhosa; como fui castigado por ter deixado de me valer da purificação oferecida em Kioto, pois agora eu tenho acreditado até mesmo na eficácia da última. O *daij-djin* de fato obteve controle sobre mim; e o demônio soltou todos os cães do inferno sobre a sua vítima...

Por fim, o terrível abismo foi alcançado e atravessado. A pobre mártir insana mergulhou na escuridão e agora recebeu a sepultura, deixando para trás, mas por poucos meses, sua filha jovem, sua primogênita. A tuberculose fez um trabalho curto naquele corpo feminino tenro. Quase um ano depois da minha chegada, fui deixado sozinho no mundo, meu único sobrinho sobrevivente expressou o desejo de seguir sua carreira no mar.

E agora, a continuação da minha triste história será logo contada. Um naufrágio, um homem prematuramente velho, embora tendo trinta era como se sessenta invernos tivessem passado sobre sua cabeça condenada. Devido às visões inesgotáveis, vergava-me diariamente à beira da insanidade e, de repente, tomei uma decisão desesperada. Voltaria para Kioto e procuraria o *yamabooshi*. Eu me prostraria aos pés do homem santo e não o deixaria até que ele lembrasse do Frankenstein que ele criara, o Frankenstein que, na época, era eu, eu mesmo, que não se separava de seu orgulho e descrença insolentes.

Três meses depois eu estava novamente em minha casa japonesa e procurei imediatamente meu velho e venerável bonzo, Tamoora Hideyeri, e implorei que ele me levasse sem uma hora de atraso ao *yamabooshi*, a causa inocente de minhas torturas diárias. Sua resposta acrescentou o último, o supremo lacre em meu destino e multiplicou por dez o meu desespero. O *yamabooshi* havia deixado o país por terras desconhecidas! Ele partira numa bela manhã para o interior, em peregrinação e, segundo o costume, estaria ausente, por não menos que sete anos, a não ser que a morte natural encurtasse o período! ...

Nesse azar, solicitei ajuda e proteção a outros *yamabooshis* instruídos; e embora bem consciente de quão inútil era, no meu caso, buscar a cura eficiente por intermédio de qualquer outro "adepto", meu excelente velho amigo fez tudo o que pôde para me ajudar em meu infortúnio. Mas não adiantava nada, e a lagarta roedora que corroía a minha vida não podia ser totalmente exterminada. Descobri que nenhum desses homens sábios poderia prometer aliviar-me inteiramente do demônio da obsessão clarividente. Foi ele quem criou certos *daij-djns*, chamando-os para mostrarem o futuro ou coisas que já tinham acontecido, quem sozinho tinha controle total sobre eles. Com bondosa simpatia, que agora aprendi a apreciar, os homens santos me convidaram a participar do grupo de discípulos e a aprender com eles o que eu poderia fazer por mim mesmo. "Somente a vontade e a fé em seus próprios poderes da alma podem ajudá-lo agora", disseram eles. "Mas pode levar vários anos para se desfazer uma parte do grande mal", acrescentaram. "Um *daij-djin* é facilmente desalojado no começo; se deixado sozinho, ele toma posse da natureza de um homem e torna-se quase impossível erradicar o demônio sem matar sua vítima."

Convencido de que não havia nada a não ser isso, agradeci, fazendo o meu melhor para acreditar em tudo o que aqueles homens santos acreditavam e, no entanto, sempre falhando em fazê-lo em meu coração. O demônio da incredulidade e da negação total parecia enraizado em mim mais firmemente do que o *daij-djin*. Ainda assim fiz tudo o que podia, decidido como estava a não perder minha última chance de salvação. Por isso, adotei sem demora providências para me libertar do mundo e das minhas obrigações comerciais, a fim de viver por vários anos uma vida independente. Ajustei minhas contas com meus parceiros de Hamburgo e cortei minha conexão com a empresa. Apesar das perdas financeiras consideráveis resultantes de tal liquidação precipitada, percebi-me, depois de encerrar as contas, um homem muito mais rico do que eu pensava que era. Mas a riqueza não tinha mais nenhuma atração para mim, agora que eu não tinha ninguém com quem compartilhar, ninguém para quem trabalhar. A vida se tornou um fardo; e tal era a minha indiferença em relação ao meu futuro que, embora doando toda a minha fortuna ao meu sobrinho, caso ele retornasse vivo de seu viagem marítima, teria mesmo negligenciado inteiramente uma pequena provisão para mim se meu parceiro nativo não tivesse interferido e insistido sobre a necessidade de fazer isso. Eu agora reconheci, com Lao-Tse, que o conhecimento é o único ponto de apoio em que um homem confiar, pois é o único que não pode ser abalado por nenhuma tempestade. A riqueza é uma âncora fraca nos dias de tristeza, e a presunção o mais fatal conselheiro. Por isso, segui o conselho dos meus amigos, e reservei para mim uma quantia modesta que seria suficiente para assegurar-me uma pequena renda pelo resto da vida ou se algum dia deixasse meus novos amigos e instrutores. Tendo resolvido meus relatos terrestres e descartado meus pertences em Kioto, juntei-me aos "mestres da visão longa", que me levaram para sua misteriosa morada. Lá permaneci por vários anos, estudando muito sinceramente e na mais completa solidão, sem ver ninguém além de alguns membros de nossa comunidade religiosa.

Muitos são os mistérios da natureza que eu já compreendi desde então, e devorei muitos manuscritos secretos da biblioteca de *Tzionene*, obtendo assim domínio sobre vários tipos de seres invisíveis de uma ordem inferior. Mas o grande segredo do poder sobre o terrível *daij-djin* que eu não pude obter. Permanece na posse de um número muito limitado dos mais altos iniciados de Lao-Tse, a grande maioria dos próprios *yamabooshis* não sabem como obter domínio sobre o perigoso elemental. Aquele que puder alcançar tal poder de controle deve se tornar inteiramente identificado com os *yamabooshis*, aceitar suas visões e crenças e alcançar o mais alto grau de iniciação. Fui considerado, muito naturalmente, inapto para entrar para a fraternidade devido a muitas razões insuperáveis, além do meu ceticismo congênito e não erradicável, embora eu tenha tentado arduamente acreditar. Assim, parcialmente aliviado de minha aflição e ensinado a conjurar as indesejáveis visões, ainda permaneci, e permaneço até hoje, incapaz de impedir seu aparecimento forçado diante de mim, de vez em quando.

Foi depois de assegurar-me da minha inaptidão para a exaltada posição de vidente e adepto independente que eu desisti, com relutância, de qualquer novo julgamento. Nada havia sido ouvido do homem santo, a primeira causa inocente do meu infortúnio; e o velho bonzo, que ocasionalmente me visitava no retiro, não podia ou não queria me informar do paradeiro do *yamabooshi*. Quando, portanto, tive de desistir da esperança de que ele me libertasse inteiramente do meu presente fatal, resolvi voltar à Europa para me estabelecer na solidão pelo resto da vida. Com esse objetivo em mira, comprei por meio de meus falecidos sócios o chalé suíço no qual minha infeliz irmã e eu havíamos nascidos, onde eu cresci sob os seus cuidados, e o selecionei para minha futura clausura.

Ao me despedir para sempre no vapor que me levou de volta à minha pátria, o bom e velho bonzo tentou me consolar por minhas decepções. "Meu filho", ele disse,

> considere tudo o que lhe aconteceu como o seu carma — uma justa retribuição. Ninguém que tenha se submetido voluntariamente ao poder de um *daij-djin* pode esperar se tornar um *rahat* (um *adepto*), *yamabooshi* de grande alma — a menos que seja imediatamente purificado. Na melhor das hipóteses, como no seu caso, a pessoa pode se preparar para se opor e combater com sucesso o demônio. Como uma cicatriz deixada após uma ferida venenosa, a raça de um *daij-djin* nunca pode ser apagada da alma até que seja purificada por um novo renascimento, não se sinta deprimido, mas tenha bom ânimo em sua aflição, pois isso o levou a adquirir conhecimento verdadeiro e a aceitar muitas verdades que, de outra forma, você rejeitaria com desprezo. Deste conhecimento inestimável, adquirido através do sofrimento e dos esforços pessoais

— nenhum *daij-djin* o pode privar. Foi bom para você, então, e que a mãe da misericórdia, a grande rainha do céu, lhe dê conforto e proteção.

Nós nos separamos e, desde então, eu levei a vida de uma anacoreta, em constante solidão e estudo. Embora ainda ocasionalmente aflito, não me arrependo dos anos que passei sob a instrução dos *yamabooshis*, mas sinto-me gratificado pelo conhecimento recebido. Do sacerdote Tamoora Hideyeri penso sempre com sincero carinho e respeito. Eu correspondi-me regularmente com ele até o dia de sua morte; um acontecimento que, com todos os detalhes dolorosos para mim, tive o privilégio de testemunhar além dos mares, na hora exata em que ocorreu.

# Alfred Percy Sinnet[1]

(1880-1921). Vice-Presidente da Sociedade Teosófica (ST) no período de 1880-88, tendo atuado como Presidente interino por quatro meses em 1907. Sinnett nasceu em 18 de janeiro de 1840, provavelmente em Londres, pois que estudou num colégio em Camden, Londres, Inglaterra. Há poucos detalhes registrados sobre os pais de Sinnett, exceto que sua mãe, Jane Fry, casou com o pai de Sinnett em 1825.

Sinnett é uma figura notável na história da Sociedade Teosófica por uma série de razões, sendo a mais importante a troca de cartas que ocorreram entre ele e certos mestres ou mahatmas, em especial os Mestres Koot Hoomi e Morya. A correspondência começou em 1879 e continuou até 1886. As cartas dos mestres, que contêm grande quantidade de ensinamentos sobre a sabedoria antiga, foram editadas por AT Barker e publicadas em 1923. Uma edição revisada posterior foi editada por Christmas Humphreys e Elsie Benjamin e publicada em 1962; uma outra versão cronológica, organizada e

[1] Fonte: *Theosopedia*. http://theosophy.ph/encyclo/index.php?title=Sinnett,_Alfred_percy. Tradução: Edilson A. Pedrosa.

editada por Vicente Hao Chin Jr., usando a cronologia desenvolvida por Virginia Hanson e George E. Linton, foi publicada em 1993. As cartas contêm uma grande quantidade de ensinamentos sobre a sabedoria antiga chamada teosofia. Sinnett foi também testemunha de alguns dos fenômenos produzidos por Helena P. Blavatsky.

O início da vida de Sinnett foi difícil. Seu pai morreu quando ele tinha apenas cinco anos de idade, e sua mãe teve que sustentar a família. Havia três irmãs e dois irmãos, mas nenhum deles saiu-se bem, exceto Ellen que se casou com um homem rico.

Sinnett foi educado na London University School em Gower Street como estudante de exposições. Ele inicialmente se tornou aprendiz de desenho mecânico, mas logo abandonou essa carreira e encontrou emprego como subeditor assistente na equipe do jornal londrino The Globe. Naquele momento, Sinnett apaixonou-se por uma jovem alemã que rejeitou a sua atenção e deixou a Inglaterra, voltando para a Alemanha. Isso parece tê-lo incomodado tanto que ele negligenciou o seu trabalho e, como consequência, perdeu o emprego. Mais tarde, ele se tornou um redator líder do The Manchester Guardian antes de retornar a Londres em 1864. Em 1865, Sinnett foi nomeado editor do Hong Kong Daily Press, retornando para a Inglaterra, via Japão e América, em 1868, com uma economia de cerca de £ 800. Parece que Sinnett, enquanto em Hong Kong, conheceu o jogo de pôquer que ele popularizou na Inglaterra. Durante uma curta estada nos EUA, ele visitou os mórmons em Utah e teve uma entrevista com Brigham Young.

Sinnett casou-se com Patience Edensor em 6 de abril de 1870, em Notting Hill, e obteve o cargo de redator editorial no The Evening Standard, o que melhorou sua situação financeira.

Em meados de 1872, foi oferecido a Sinnett o cargo de editor do The Pioneer, um jornal indiano de língua inglesa, cuja oferta ele aceitou, e os Sinnetts passaram a residir em Allahabad. Em 1875, os Sinnetts retornaram à Inglaterra, onde ele frequentou várias sessões espíritas. Estas foram realizadas na casa de uma mulher médium chamada Guppy, e Sinnett escreveu em seu diário:

Os fenômenos físicos eram esmagadores e impediam qualquer teoria plausível de impostura. Minha convicção sobre a realidade dos fenômenos espiritualistas foi então estabelecida firmemente e nunca abalada. (Citado no Guia do Leitor das *Cartas de Mahatma*, p. 251).

Eles retornaram à Índia no mesmo ano e, em 16 de maio de 1877, um filho chamado Denny nasceu. Blavatsky pensava que Denny seria uma influência para o bem, mas ele morreu de tuberculose em 1908, após uma vida sem distinção.

No final de fevereiro de 1879, Sinnett publicou uma carta no jornal The Pioneer chamando a atenção para a chegada na Índia dos dois principais fundadores da Sociedade Teosófica e pedindo informações a respeito de seu trabalho. Os Sinnetts primeiro fizeram contato pessoal com a Sociedade Teosófica quando receberam a visita de H. P. Blavatsky e Henry S. Olcott, em Allahabad, em 4 de dezembro de 1879, e o casal Sinnett aderiu à Sociedade em 26 de dezembro de 1879.

Em 13 de outubro de 1880, Sinnett escreveu a sua primeira carta para o mestre Koot Hoomi, a qual foi seguida por uma segunda dois dias depois. K. H. respondeu às duas cartas em 17 de outubro e, assim, começou uma correspondência que continuou até março de 1886. Estas cartas foram finalmente publicadas em dezembro de 1923 a cargo de editor de A. T. Barker e têm sido reimpressas desde então. As cartas não eram destinadas à publicação, e a sua aparição na impressa provocou muitas dissensões nos círculos teosóficos. Estas cartas revelam o fato de que os mestres constataram que Sinnett não era a pessoa mais fácil com quem colaborar. Às vezes, Koot Hoomi era bastante severo em suas críticas. Por exemplo, na Carta 43 (fevereiro de 1882) ele acusou Sinnett de "cegueira" e de ser "um pouco egoísta".

Em 1883, Sinnett foi forçado a renunciar a seu cargo de editor de The Pioneer, aparentemente porque a sua simpatia para com os indianos não gozava da aprovação dos proprietários. No entanto, Sinnett recebeu um tratamento generoso no acordo com os editores, e os Sinnetts retornaram a Londres naquele ano com cerca de £ 8.000, uma quantia substancial naqueles dias. Em 1885, Sinnett filiou-se à Loja de Londres.

Também em 1885, H. P. Blavatsky começou a trabalhar em *A Doutrina Secreta*, e Sinnett sugeriu que ela vendesse diretamente a uma editora, mas ela se recusou a fazê-lo. Desde 1883, um grupo reunia-se sob a liderança de Sinnett, estudando os aspectos mais esotéricos da Sabedoria Antiga. Este grupo incluía várias personalidades importantes, como Francesca Arundale, Anna Kingsford, Charles W. Leadbeater, William Crookes e Frederick Myers da Society for Psychical Research (Sociedade para Pesquisa Psíquica). Embora Sinnett fosse, de tempos em tempos, muito crítico da administração da Sociedade Teosófica, ele não parece ter sido uma pessoa muito astuta quando o assunto era dinheiro. Com o objetivo de garantir um cargo de editor, ele anunciou no Athenaeum (Ateneu) que estava buscando investir seu capital em um jornal, tendo recebido resposta de um homem chamado Bottomley, que roubou toda a poupança de Sinnett.

Em janeiro de 1884, os Sinnetts, agora morando numa nova casa em Londres, foram o centro de muitas atividades teosóficas. Uma entrada na Autobiografia de Sinnett (p. 40) lança muita luz sobre o seu relacionamento com os fundadores naquele momento:

> [Blavatsky] combinou vir para a Europa com o Coronel Olcott — para meu pesar, já que eu previa problemas com relação à presença deles em Londres.

Em 1886, Sinnett escreveu seu livro *Incidentes na Vida de Madame Blavatsky* e, embora Blavatsky o tenha ajudado fornecendo informações, o trabalho contém uma série de erros sobre fatos que foram assinalados por escritores posteriores. Durante este ano, os proprietários do The Pioneer (O Pioneiro) desejaram estabelecer um escritório em Londres para o The Civil and Military Gazette (A Gazeta Civil e Militar) e The Pioneer. Eles ofereceram a Sinnett emprego no empreendimento, que ele aceitou e manteve por cerca de dois anos, com um salário anual de £ 500.

A relação às vezes tempestuosa entre Blavatsky e Sinnett veio à tona em 1888 com a publicação do livro *A Doutrina Secreta* de autoria dela. Este trabalho contradizia algumas das visões de seu *Budismo Esotérico*. Ele não podia tolerar isso e, por um tempo, afastou-se da maioria dos líderes da Sociedade Teosófica.

Em 1888, Blavatsky formou a Seção Esotérica da Sociedade Teosófica, tendo Sinnett se recusado a participar. Em junho de 1890, Blavatsky, após alguma discussão com H.S. Olcott, formou uma Seção Europeia da Sociedade Teosófica e, num gesto de reconciliação, nomeou Sinnett um de seus conselhos consultivos.

Como mencionado anteriormente, o tempo de Sinnett na Sociedade Teosófica nem sempre foi tranquilo; ele era uma pessoa de opiniões contundentes a respeito da administração da Sociedade. Na época em que ele era o presidente da Loja de Londres, ele discordou fortemente da política de Blavatsky. Esta não aprovava a distinção de classe que então dominava a sociedade britânica e acreditava que a Sociedade Teosófica deveria estar aberta a todos que aprovassem os seus objetivos, enquanto Sinnett era de opinião de que a filiação deveria ser restrita às "classes superiores". Mais tarde, ele desaprovou a direção que alguns membros, como CW Leadbeater e Annie Besant, pareciam estar dando à Sociedade. Típico desse conflito foram as suas ações quando, em 1907, o Presidente Olcott faleceu, e Sinnett assumiu a direção da Sociedade. Ele se recusou a permitir que Besant administrasse Adyar, considerando-a "enganada pelos poderes das trevas" e que o ensino estava "todo no ar" (Ransom, p. 340). Além disso, em 1907, Sinnett publicou uma declaração na qual afirmava que as opiniões de muitos membros pertenciam à mitologia do movimento teosófico. A essência dessa afirmação criticava a ideia de que Blavatsky era o instrumento escolhido pelos mestres e que ela fora enviada para inaugurar o movimento teosófico. Compare isso com um comentário que ele fez em uma carta à Bombay Gazette (4 de abril de 1882) no qual afirma: "Eu já tinha certeza, quando escrevi *The Occult World*, que a Sociedade Teosófica estava conectada, através de Madame Blavatsky, com a grande Irmandade dos Adeptos que descrevi. Agora sei que este é o caso, com uma amplitude de conhecimento muito maior". Besant pediu-lhe que, em virtude dessas opiniões, renunciasse ao cargo de vice-presidente, o que ele fez. Boris de Zirkoff, o compilador dos *H. P. Blavatsky's Collected Writings* (coleção de escritos de Blavatsky), escreveu em uma nota de rodapé (CW XII: 241):

> É óbvio, a partir do contexto desta comunicação do Maha-Chohan e de outras declarações nas *The Mahatma Letters* (Cartas dos Mahatmas), que o objetivo principal a ser alcançado na época era neutralizar a compreensão meramente intelectual de Sinnett e Hume dos ensinamentos e a sua admiração infundada pelas realizações da ciência ocidental, em contraste com os objetivos espirituais mais elevados do Movimento que seus verdadeiros fundadores tinham em vista.

Sinnett renunciou à Sociedade Teosófica em março de 1909 e formou a *Eleusinian Society* (Sociedade Eleusina) a partir do que era anteriormente a Loja de Londres. Sua esposa, Patience, morreu em 1909. Sinnett retornou à Sociedade Teosófica em 1911, a pedido de seu mestre, a quem ele foi dedicado; e a Presidente Annie Besant, convidou-o para tornar-se Vice-Presidente; ele aceitou e dissolveu a Sociedade Eleusina, reformando a Loja de Londres que estava ligada diretamente a Adyar.

Pouco antes de Sinnett falecer aos 81 anos, em 27 de junho de 1921, Besant foi decisiva no levantamento de £ 5.000 para ajudar Sinnett em seus anos de declínio, mas ele não sobreviveu por muito tempo para desfrutar do presente.

Além de Blavatsky, Sinnett foi um dos primeiros escritores sobre teosofia (veja lista de publicações abaixo). Seus livros, baseados em grande parte das informações contidas nas *Cartas do Mahatmas*, foram amplamente responsáveis pela popularização da teosofia no mundo de língua inglesa no final do século XIX.

Obras:

*The Occult World*, 1881;
*Esoteric Buddhism*, 1883;
*Karma, (a novel*) 1885;

*Incidents in the Life of Madame Blavatsky*, 1886;

*Occult Essays*; *The Occult World Phenomena and the Society for Psychical Research*, 1886;

*The Growth of the Soul*; The *Early Days of Theosophy in Europe*, 1922

(Pub. Post.); *United, (a novel)* 1886;

*Married by Degrees, (a play)* 1911;

*In the Next World*, 1914.

Bibliografia:


Cranston, Sylvia. *The Extraordinary Life and Influence of Helena Blavatsky*. Tarcher/Putnam, 1993.

Hanson, Virginia and George E. Linton. *Readers Guide to the Mahatma Letters*. TPH, 1972.

Jinarajadasa, C., ed. *The Golden Book of the Theosophical Society: A Brief History of the Society's Growth from 1875-1925*. TPH, 1925.

Ransom, Josephine, compiler. *A Short History of The Theosophical Society*. TPH, 1938.

Theosophist, The (various issues).

# O que é a Iniciação Diária?[1]

Alguns supõem que a iniciação é sempre e em todos os casos uma ocasião estabelecida e solene, para a qual o candidato é previamente preparado e da qual é avisado com antecedência. Embora algumas iniciações sejam rodeadas desses aspectos solenes, a iniciação diária – na qual todo aspirante deverá ter sucesso se quiser alcançar a chance de tentar a mais elevada – se oferece ao estudante quase que a todo momento. Esta iniciação ocorre nas relações com os nossos semelhantes e nos efeitos que todas as circunstâncias da vida têm sobre nós. E se nós fracassamos nestas situações, nunca chegaremos ao ponto em que as grandes iniciações são oferecidas.

Se não podemos suportar a derrota momentânea ou se somos pegos desprevenidos por uma palavra casual que desafia o nosso amor-próprio ou se somos levados pelo desejo de julgar os outros ou se permanecemos na ignorância dos nossos erros mais evidentes, não reunimos aquele conhecimento e aquela força que são inevitavelmente exigidos de quem quer que seja que pretenda comandar a natureza.

É próprio da vida que cada um tenha um momento de escolha, mas este momento não tem que ocorrer em algum dia especial. Ele é a soma total de todos os dias e pode ser postergado até o dia da morte e, assim, estará além do nosso alcance, porque nesse caso a escolha terá sido feita por todos os nossos atos e pensamentos da vida inteira. Somos condenados por nós mesmos naquele momento, exatamente

[1] William Q. Judge — *Students of Theosophy*.

ao tipo de vida, corpo, ambiente e tendências que melhor manifestarão nosso carma. Isso é algo bastante solene e faz com que a "iniciação diária" tenha a maior importância para cada estudante atento. Mas tudo isso já foi dito antes e é uma pena que os estudantes persistam em ignorar o bom conselho que recebem.

Você pensa que, se um mestre aceitasse você, ele colocaria você diante de algum teste estranho? Não, ele não faria isso, mas simplesmente permitiria que os pequenos eventos da sua vida prosseguissem, e o resultado deles determinaria a situação a que você chegaria. Essa pode ser uma escola para crianças, mas só um adulto consegue ser aprovado nela.

# Os benefícios da cremação[1]

Arte milenar tailandesa descreve a cremação do corpo de Buda em Kusinara, Índia.

A teosofia sustenta que é muito mais benéfico, de várias maneiras, que os cadáveres sejam cremados em vez de enterrados.

A primeira cremação nos EUA foi a do Barão de Palm, um dos primeiros membros da Sociedade Teosófica, em dezembro de 1876.

[1] Fonte: *BlavatskyTheosophy.com*, em https://blavatskytheosophy.com/the-benefits-of-cremation/. Traduzido por Edilson A. Pedrosa

Aqui no Reino Unido, a primeira cremação oficial não ocorreu até março de 1885, sendo a prática ilegal sob a lei britânica até o ano anterior. Para começar, não era muito popular e apenas um número muito pequeno de cremações ocorria a cada ano. De fato, H. P. Blavatsky — a fundadora do Movimento Teosófico — foi uma das primeiras pessoas a ser cremada no Reino Unido, após sua morte em Londres em maio de 1891.

Com o tempo, a prática e o procedimento ganharam maior aceitação e as estatísticas mais recentes sugerem que hoje em dia mais de 70% dos mortos no Reino Unido são cremados.

Algumas pessoas, no entanto, têm preocupações peculiares sobre a cremação. Há aqueles que temem ou acreditam que o processo de cremação impedirá a alma de ir para o céu. Outros se preocupam que a cremação danifique ou destrua de alguma forma a alma.

Os ensinamentos da teosofia dissipam esses equívocos com dois argumentos principais: (1) A alma deixa o corpo quando ocorre a morte física e, de fato, é essa partida da alma que causa a morte do corpo e (2) a alma não é obviamente uma coisa física ou material e, portanto, não pode ser afetada de alguma forma pelo fogo material físico.

Como William Quan Judge explicou certa vez em resposta a uma pergunta em *The Theosophical Forum*, o fogo material só pode ter efeito sobre a matéria e substância pertencente ao plano material (isto é, o físico) ... e assim o processo de cremação não pode e não perturba , danifica ou afeta negativamente qualquer parte de nosso ser que não seja o corpo físico, que já está morto antes da cremação.

A cremação não causa danos físicos ou metafísicos de qualquer espécie. Mas quais são alguns dos benefícios reais da cremação?

1. De acordo com a teosofia, o corpo astral se desintegra após a morte na mesma proporção que o corpo físico. Ele se separa do corpo físico no momento da morte, mas permanece nas proximidades, decaindo e se dissipando junto com o corpo físico que havia vitalizado anteriormente. Se o corpo físico estiver meramente enterrado, os restos do corpo astral per-

manecerão por muito mais tempo, e isso pode ter consequências indesejáveis. Mas, se o corpo físico (*sthula sharira*) é cremado após a morte, o corpo astral (*linga sharira*) é dissolvido rapidamente.

2. A cremação resulta na libertação da alma, em grande parte, de qualquer atração que ela possa ter em relação à Terra e às coisas do plano físico, que poderiam, de outro modo, dificultá-la na primeira parte do processo pós-morte.
3. Nas palavras de William Judge, "Do ponto de vista sanitário, a cremação é de grande importância, pois elimina a matéria nociva ou a matéria que está em tal estado que ser prejudicial para os vivos." Ela rapidamente e de forma limpa se livra do corpo físico falecido, eliminando muitas coisas desagradáveis e prejudiciais no processo.

Aqui no Ocidente, tornamo-nos especialistas em não pensar. É certamente apenas a recusa em pensar realmente sobre as coisas e encarar os fatos que têm nos levado a continuar a prática ilógica e bastante grotesca de enterrar os corpos mortos sob o solo por tanto tempo.

Se um dos nossos entes queridos morrer, por que diabos nós quereríamos prolongar a horrível putrefação e decomposição de seus restos mortais, selando aqueles restos em uma caixa de madeira e depois enterrando-os alguns pés abaixo do solo? E como podemos estar em paz, sabendo que o corpo que uma vez abrigou a alma de nosso querido membro da família ou amigo está agora sendo submetido desnecessariamente a um destino tão confuso, horrível e demorado?

Não há realmente nada que possa ser dito a favor do enterro, mas muito pode-se dizer em favor da cremação.

Muitas pessoas acham que experimentaram um certo grau de "fechamento emocional" depois que seus entes queridos foram cremados, o que eles não teriam sido capazes de sofrer, de outra forma, com o pensamento constante de que "o corpo de John Brown está se desfazendo no túmulo".

Em 1881, HPB publicou um artigo intitulado *Stray Thoughts on Death and Satan* ( Pensamentos Errantes sobre a Morte e Satanás), que consistia em notas inéditas do escritor cabalista Eliphas Levi, acompanhadas, em notas de rodapé, pelos comentários de HPB sobre elas. Levi escreveu sobre o enterro:

> A preservação dos cadáveres é uma violação das leis da natureza; é uma afronta à modéstia da morte, que esconde as obras de destruição, quando deveríamos esconder os as da reprodução. Preservar cadáveres é criar fantasmas na imaginação da Terra ["Intensificar essas imagens na luz astral ou sideral", explica HPB]; os fantasmas do pesadelo, das alucinações e do medo são apenas as fotografias errantes de cadáveres preservados. São estes cadáveres preservados ou imperfeitamente destruídos que espalham entre os vivos a peste, a cólera, as doenças contagiosas, a tristeza, o cepticismo e o desgosto da vida. A morte é exalada pela morte. Os cemitérios envenenam a atmosfera das cidades, e o miasma dos cadáveres macula os filhos até nos seios de suas mães.

Se a própria HPB concordou ou não com tudo isso não está claro, mas ela acrescentou com aprovação em uma nota de rodapé que diz: "As pessoas começam a perceber intuitivamente a grande verdade, e sociedades para queima de corpos e crematórios são iniciadas agora em muitos lugares da Europa."

Um dos principais objetivos do movimento teosófico é apresentar claramente o entendimento correto da verdadeira natureza do ser humano, a fim de que possamos compreender adequadamente quem e o que realmente somos e qual é a natureza e a função dos nossos sete princípios, tanto durante como depois da vida.

# Blavatsky previu muitos dos avanços da física moderna

São apresentados aqui extratos do Capítulo 3, intitulado *A Ciência e a Doutrina Secreta*, Parte 7, do livro bibliográfico *Helena Blavatsky*, da escritora americana Sylvia Cranston (Editora Teosófica, Brasília, 1997). Mas, antes de adentrarmos pela obra de Cranston, seria esclarecedor reportarmo-nos a trecho da palestra do teósofo Jerry Hejka-Ekins,[1] proferida na cidade de Culver, na Califórnia, EUA, por ocasião da comemoração dos cem anos[2] da publicação da de "A Doutrina Secreta" de Helena Blavatsky, quando foram realizados diversos simpósios comemorativos naquele país:

> É muito pouco provável que algum crítico literário, examinando *A Doutrina Secreta* em 1888, pensasse que essa obra pudesse ter mais do que algumas poucas edições. É uma obra de tamanho considerável, com cerca de 1500 páginas, cheia de termos filosóficos e religiosos do Extremo Oriente que contrastavam com a ciência do século dezenove e com as teorias agora descartadas. Mas, de qualquer modo, cem anos depois, *A Doutrina Secreta* continua sendo impressa e ainda está sendo estudada... O que há em *A Doutrina Secreta* que a faz perdu-

[1] *The Secret Doctrine in the Light of Twentieth Century* [A Doutrina Secreta à Luz do Pensamento do Século Vinte], revista *Sunrise*, publicada pela Soc. Teosófica de Pasadena, abril-maio de 1989, pp. 150-151. A citação desta palestra está referendada no artigo *Teosofia Antecipa a Física Atual,* de Carlos Aveline, em https://www.filosofiaesoterica.com/teosofia-antecipa-fisica-atual/. [NE].
[2] A edição original (*The Secret Doctrine*) ocorreu em 1888. [NE].

rar e continuar influenciando o pensamento atual quando outras obras foram esquecidas há muito tempo? Talvez este livro pertença realmente ao século vinte e tenha sido escrito 100 anos antes do seu tempo... Se a autora não fosse capaz de antecipar as descobertas futuras, o livro teria se tornado obsoleto em pouco tempo diante do avanço da ciência. No entanto, HPB fez a predição de que "só no século vinte, partes desta obra, se não a integridade, seriam aceitas'[3].

Profecias são raras em *A Doutrina Secreta*. A que se segue é particularmente fascinante pois foram dadas as datas específicas em que ela se realizaria:

> "O total exato, a profundidade, a amplitude e a extensão dos mistérios da natureza só se encontram na ciência esotérica oriental. Eles são tão vastos e profundos que apenas um número muito restrito entre os mais altos Iniciados – aqueles cuja própria existência só é conhecida de uns poucos Adeptos – são capazes de compreender tais conhecimentos. Tudo, porém, está ali; e os fatos e processos do laboratório da natureza podem, um por um, abrir caminho na ciência exata, quando uma assistência misteriosa é proporcionada a uns poucos indivíduos em seus esforços para desvendar os seus arcanos. É no fim dos grandes ciclos relacionados com o desenvolvimento das raças que geralmente se produzem esses acontecimentos. Estamos chegando precisamente ao final do ciclo de 5000 anos do presente Kali Yuga ariano; e entre este momento [1888] e o ano de 1897 será feita uma enorme ruptura no véu da natureza, e a ciência materialista receberá um golpe mortal."[4]

Há duas partes na profecia. A primeira levanta a questão sobre se alguma descoberta científica notável seria permitida no período mencionado de nove anos. *David Deitz*, em seu trabalho *The New Outline of Science* [Uma Nova Visão da

[3] Está assim na versão brasileira (Ed. Pensamento, S. Paulo) de *A Doutrina Secreta* (Vol. III, p. 460): "só no século XX, é que algumas partes desta obra, senão toda ela, virão a ser justificadas."

[4] *A Doutrina Secreta*, Vol. II, pp. 323-324. [NE].

Ciência], nos dá uma visão geral bastante útil:

> "A história da civilização mostra poucos contrastes maiores do que a diferença entre os pontos de vista dos físicos do século dezenove e do século vinte. Quando o século dezenove estava terminando, os físicos sentiam que haviam completado as suas tarefas. Um eminente cientista daquele tempo, ao fazer uma conferência em 1893, disse que era muito provável que as grandes descobertas no campo da Física já tivessem sido feitas. Ele esboçou a história e o desenvolvimento da ciência, resumindo ao final as teorias bem estruturadas do século dezenove – segundo ele afirmava – totalmente suficientes. O físico do futuro, disse ele tristemente, nada terá a fazer senão repetir e refinar as experiências do passado, acrescentando mais uma ou duas decimais a algum peso atômico ou constante da natureza." [5]

Mas, dois anos mais tarde, no dia 28 de dezembro de 1895, Wilhelm Conrad Roentgen apresentava ao secretário da Sociedade de Física Médica de Würzburg o seu primeiro relatório escrito sobre a sua descoberta [acidental] dos raios-x. No primeiro dia de 1896, ele enviou pelo correio cópias do texto impresso para amigos cientistas em Berlim e outros lugares. Enviava com o texto algumas cópias das primeiras fotografias feitas por ele com os raios-x(...) das quais a mais espetacular mostrava os ossos de uma mão humana. Ali estava exatamente o que o orador de 1893 havia dito que não poderia ocorrer: havia sido feita uma nova descoberta... Roentgen havia encontrado alguns raios misteriosos que penetravam em objetos opacos tão facilmente como a luz do sol atravessa os vidros de uma janela. No século dezenove não havia físicos que pudessem explicar esse fenômeno surpreendente... Não só os físicos mas as pessoas por toda parte ficaram excitadas com a novidade. Roentgen ficou famoso da noite para o dia." [6]

A segunda grande descoberta no reino da física atômica

---

[5] "O diretor do Departamento de Física da Universidade de Harvard desencorajava o estudo de graduação, pois só bem poucos problemas permaneciam sem solução". (Gary Zukav, "The Dancing Wu Li Masters", Nova Iorque, Bantam, 1980, p. 311.)

[6] Roentgen ganhou o Prêmio Nobel da Física em 1901. [NE].

foi a da radioatividade, realizada por Antoine Henri Becquerel em Paris, poucas semanas depois do anúncio de Roentgen. O pai de Becquerel, também físico, tinha investigado a fluorescência, o fato de que muitas substâncias submetidas à luz do sol reluziam mais tarde no escuro. Becquerel recordava o trabalho de seu pai e perguntou-se se havia alguma semelhança entre a fluorescência e os raios-x. Em função disso, ele envolveu uma chapa fotográfica em papel preto e colocou sobre ela um cristal de sal de urânio que o seu pai havia usado. Ele expôs este conjunto aos raios do sol. Ao revelar a chapa fotográfica, constatou que ela estava manchada ou escurecida como se alguma luz tivesse penetrado nela através do papel negro. Ele supôs que a ação da luz do sol tinha feito com que o urânio emitisse raios-x.[7]

Durante os preparativos para experiências posteriores, Becquerel descobriu acidentalmente não os raios-x que ele buscava, mas a radioatividade. Sobre o assunto, o eminente físico moderno Robert Millikan observa:

> "A radioatividade era revolucionária para o pensamento humano, pois significava que alguns dos 'átomos eternos', isto é, os de urânio e tório, são instáveis e lançam fora espontaneamente com grande energia pedaços de si mesmos, desta forma transformando-se em outros átomos... De todas as novas descobertas, esta era a mais espantosa para o pensamento humano e estimulante para a imaginação, pois destruía a ideia da imutabilidade dos elementos e mostrava que os sonhos dos alquimistas poderiam tornar-se verdade um dia."[8]

A próxima "revelação" ocorrida dentro do período de tempo previsto em *A Doutrina Secreta* foi a mais importante de todas; a descoberta do elétron, em 1897, por sir J. J. Thomson. O dr. Karl Compton, ex-presidente do Instituto de Tecnologia de Massachusetts, fez o seguinte comentário em

[7] David Dietz, *The New Outline of Science* (*O Novo Perfil da Ciência*), Nova Iorque, EUA, Dodd, Mead, 1972, pp. 259-263.

[8] Robert Millikan, *The Autobiography of Robert A. Millikan*, Nova Iorque, EUA, Prentice-Hall, 1950, pp. 272, 271. Em 1909, o próprio Millikan cumpriu um importante papel ao determinar as cargas elétricas exatas dos elétrons, e em 1923 recebeu o Prêmio Nobel de Física pela descoberta dos raios cósmicos.

1936, quando se afastava do cargo de presidente da Associação Americana Para o Progresso da Ciência:

> "A história da ciência está cheia de exemplos de que um novo conceito ou descoberta pode levar a avanços tremendos em campos novos e vastos cuja própria existência era, até então, insuspeitada... Mas, do meu ponto de vista, nenhum exemplo foi tão dramático como o da descoberta do elétron, a menor partícula do universo que, no período de uma geração, transformou não só a estagnada ciência da Física, mas também uma Química puramente descritiva e uma estéril Astronomia em ciências que se desenvolvem dinamicamente, cheias de aventura intelectual, com interpretações inter-relacionadas e valores práticos."[9]

A descoberta de Thomson foi a culminação de uma série de experimentos iniciados por sir William Crookes, que se dedicava ao estudo das descargas elétricas em alto vácuo no tubo de Crookes, inventado por ele. Este tubo iria tornar-se um protótipo para os tubos de televisão e luz fluorescente usados hoje. As experiências de Crookes implicavam a existência de um quarto estado da matéria, que ele chamava de matéria radiante, e que, dez anos depois, constatou-se serem elétrons! É interessante que, em 1888, em *A Doutrina Secreta*[10], HPB predizia que: "a descoberta da matéria radiante do sr. Crookes conduzirá a um estudo mais completo sobre a verdadeira origem da luz, revolucionando todas as teorias atuais".

A descoberta do elétron, observa o renomado físico norte-americano Robert Millikan, foi extremamente útil para a humanidade, com suas milhares de extensões e aplicações para o rádio, para as comunicações de todo tipo, para a produção cinematográfica e inúmeras outras indústrias...

As descobertas científicas foram poderosamente aceleradas pelo uso de instrumentos eletrônicos.

A própria obra A Doutrina Secreta foi usada para diversas finalidades. O major Herbert S. Turner, inventor do cabo coaxial utilizado na telefonia e instalado de um lado a outro

[9] "Science", 8 janeiro 1937, p. 598.
[10] *A Doutrina Secreta*, Volume II, p. 333. [NE].

dos Estados Unidos no final da década de 1940, relacionou sua invenção com algumas passagens-chave de A Doutrina Secreta[11] como o conceito de círculo-que-não-pode-ser-transposto[12], aplicadas por ele em ideias de caráter profundamente oculto em relação ao mundo da energia física.

A profecia de *A Doutrina Secreta* que estamos examinando afirma que como resultado da "enorme ruptura feita no véu da natureza... a ciência materialista receberá um golpe mortal". Em *Time, Matter and Values* (Tempo, Matéria e Valores), após haver descrito as novas descobertas da Física, Millikan[13] conclui: "como resultado, o materialismo dogmático na Física está morto".

*Raymond S. Yates*, em seu livro *These Amazing Electrons* (Esses Incríveis Elétrons), assevera:

> A velha escola estava em plena retirada. A Física estava totalmente confusa. Estava momentaneamente atordoada por uma avalanche de questões ponderáveis. O último tijolo sólido do edifício do materialismo caíra, e o pequeno e cômodo sistema de categorias e os refúgios engenhosos, construídos com tanto trabalho, haviam caído com um ruído surdo e inquietante.[14]

Segundo David Deitz, quando o século dezenove terminou já era claro que uma "verdadeira revolução acontecera no campo da Física". Ele continua:

> Quatro descobertas significativas – os raios-X, a radioatividade, c elemento químico rádio e o elétron – convenceram os cientistas de que a sua tarefa estava apenas começando, e não terminando. Havia chegado o momento de invadir o interior do átomo.

[11] Ibidem, Vol. I, pp. 176-179.

[12] *Ring-pass-not* no original, ou "anel não passarás", não tradução em português de *A Doutrina Secreta*. O *Glossário Teosófico* define este anel como sendo "o círculo dentro do qual se encontram todos aqueles que são continuamente afligidos pela ilusão da separação." Noutra compreensão significaria basicamente aquilo que separa o mundo onde existem as formas daquele onde as coisas são sem forma. [NE].

[13] Robert Millikan, Time, Matter and Values (Tempo, Matéria e Valores), Chapel Hill, Carolina do Norte, EUA, University of North Carolina Press, 1932, p. 96.

[14] Raymond F. Yates, *These Amazing Electrons*, Nova Iorque, EUA, the Macmillan Company, 1937.

> É arriscado, no entanto, afirmar que alguém pudesse prever, no começo do século vinte, os grandes avanços que seriam feitos na visão teórica, ou as aplicações espetaculares que surgiriam a partir desse novo conhecimento."[15]

O ciclo do despertar científico, que se seguiu à descoberta do elétron, continuou a aprofundar-se com três descobertas adicionais, que abalaram ainda mais os alicerces das doutrinas materialistas:

1898 – Rádio. O elemento descoberto por Marie Curie e seu marido, Pierre, é quatro vezes mais radiante do que o urânio de Becquerel.

1900 – A Física Quântica. Max Planck lançou as bases da teoria quântica em 1900 ao mostrar que a matéria emite e absorve radiação em pequenos pacotes ou quanta, mais tarde chamados de fótons por Einstein, ficando demonstrado que a luz pode, portanto, ser vista como partícula e como onda. (Mais de duas décadas depois, Louis de Broglie demonstrou que a matéria também se comporta com a dualidade partícula-onda). Em 1913, Niels Bohr afirmou que os elétrons saltam de uma órbita para outra em torno de um núcleo atômico ao absorver ou emitir quanta de energia, sem atravessar o espaço entre uma órbita e outra (em outras palavras, dão um salto quântico, expressão frequentemente usada hoje em diversos contextos). Este foi um grande golpe contra a doutrina mecanicista.

1905 – A Equação de Einstein $E = mc^2$. A teoria de Einstein "acrescentou o reconhecimento de que a massa ou matéria é equivalente à energia, e de que o tempo e o espaço são partes integrantes do continuum de matéria-energia que constitui o universo".[16]

Como foi indicado no prefácio deste livro, um certo número de cientistas tem-se interessado por *A Doutrina Secreta*. De acordo com uma sobrinha sua, Einstein tinha sempre uma cópia dessa obra na sua mesa de trabalho. Detalhes do seu

[15] Dietz, *The New Outline of Science*, p. 277.

[16] A. March e I.M. Freeman, *The New World of Physics* (O Novo Mundo da Física), 1963; citado na revista *Sunrise*, novembro de 1975, p. 81.

testemunho são dados na Nota 22 da Parte 7, ao final deste livro, onde se evidencia também que duas pessoas poderiam ter despertado o interesse de Einstein nesta obra. *A Doutrina Secreta* contém muitos ensinamentos que eram negados pela ciência nos dias de HPB, mas que foram comprovados mais tarde como verdadeiros, e é possível que essa obra contenha sugestões de outras verdades que ainda serão aceitas. Aqui estão três exemplos de descobertas pré-configuradas por HPB, no campo da Física.

1. *Os átomos são divisíveis.*

Sir Isaac Newton escreveu na sua obra *Optics* (Ótica) que: "No início Deus formou a matéria em partículas maciças, sólidas, duras, impenetráveis e em movimento, com os tamanhos, formas, propriedades e proporções em relação ao espaço que eram mais adequados ao objetivo em função do qual foram criadas".[17] Mais tarde, os cientistas eliminaram a teologia contida nessa declaração, mas conservaram a ideia das "partículas duras e impenetráveis", ou átomos, como os tijolos básicos da construção do universo. Quando o elétron foi descoberto em 1897, os tijolos começaram a fragmentar-se. O átomo era divisível.

E aqui está o que HPB disse em *A Doutrina Secreta*[18]:

> O átomo é divisível e deve compor-se de partículas ou subátomos... A ciência do ocultismo é toda baseada na doutrina da natureza ilusória da matéria e na divisibilidade infinita do átomo.

Quanto à divisibilidade infinita do átomo, um cientista amigo escreveu para esta autora: "A ciência avançou nessa direção só passo a passo – encontrando primeiro o elétron e depois os prótons, mais tarde os nêutrons e a seguir os quarks e outras partículas, pensando, a cada vez, que havia encontrado a última partícula. Agora, finalmente, chegou às ondas puras, como na teoria das cordas, que corresponde à ciência da D.S".

Quando os quarks foram localizados pela primeira vez,

[17] M.R. Crossland, editor, *The Science of Matter*, Nova Iorque, EUA, Penguin, 1971, p. 76.
[18] Vol. II, p. 232

Werner Heisenberg comentou:

> Mesmo que os quarks pudessem ser encontrados, segundo tudo o que sabemos, eles poderiam ser divididos novamente em dois quarks e um antiquark etc., e, assim, eles não seriam mais elementares que um próton... Nós teremos que abandonar a filosofia de Demócrito e o conceito de partículas elementares fundamentais. Devemos, em vez disso, aceitar o conceito das simetrias fundamentais, que tem base na filosofia de Platão.[19]

2. *Os átomos estão em movimento perpétuo.*

Os cientistas do tempo de HPB não só acreditavam que os átomos eram indivisíveis mas também que eles eram imóveis, exceto no estado gasoso. *A Doutrina Secreta*[20] declara:

> "Diz o ocultismo que nunca a matéria se acha mais ativa do que quando parece morta. Um bloco de madeira ou de pedra está imóvel e é impenetrável em todos os sentidos. Não obstante, na realidade, suas partículas estão animadas por um movimento vibratório incessante, eterno, tão rápido que, para o olho físico, o objeto parece em absoluto desprovido de movimento; e a distância daquelas partículas entre si, no seu movimento vibratório, é tão grande – vista de outro plano de existência e percepção – como a que separa flocos de neve ou gotas de chuva. Mas, para a ciência física, esta ideia é um absurdo."

Hoje é difícil pensar que algum dia isso foi considerado um absurdo.

Segundo *A Doutrina Secreta*, o movimento incessante dos átomos no que vemos como um objeto sólido está de acordo com uma lei universal subjacente ao cosmo de que "não há repouso nem interrupção de movimento na natureza".[21] Isso está de acordo com a visão de Einstein, segundo *The Theory*

[19] Werner Heisenberg, "Science", 19 de março de 1976, p. 1165.
[20] Volume II, p. 220.
[21] *A Doutrina Secreta*, Vol. I, p. 149, além de pp. 72, 117 e nota de rodapé na p. 133.

*of Relativity* (A Teoria da Relatividade), de Garrett Service:

"Pesquisas científicas mostram que, nas coisas infinitamente pequenas assim como nas infinitamente grandes, tudo é movimento... e não encontramos nada em repouso. Assim sendo, diz Einstein, o movimento deve ser visto como a condição natural e também real da matéria, algo que não necessita de ser explicado, porque surge da própria substância do universo. É a verdadeira essência da existência." [22]

Em *A Doutrina Secreta,*[23] HPB afirma que "o movimento abstrato absoluto" é um símbolo do próprio Absoluto.

3. *Matéria e energia são conversíveis.*

A ciência do século dezenove acreditava no oposto. Einstein desaprovou a crença antiga em 1905 com a sua famosa equação $E = mc^2$. Millikan traduz a equação da seguinte maneira:

> "m é massa em gramas; c é velocidade da luz em centímetros por segundo (30.000.000.000 cm/s); e E é energia em unidades de energia, isto é, em ergs. Expressa na linguagem comum de engenharia, a equação de Einstein diz que, se um grama de massa é transformado em calor a cada segundo, são gerados continuamente 90 bilhões de quilowatts de energia."

A concepção extraordinariamente importante aqui", acrescenta Millikan, "é que a própria matéria é conversível em energia radiante".[24] Uma maneira mais geral de explicar esse fato agora comprovado seria dizer que a matéria é energia condensada, enquanto energia é matéria que se expandiu. HPB cita um trecho de um artigo da revista *The Path* (janeiro de 1887, p.297) em *A Doutrina Secreta*[25]:

> Como declarou um teosofista norte-americano, 'as mônadas (de Leibnitz) podem ser consideradas como força, de certo ponto de vista; e, de outro, como matéria. Para a ciência oculta, força e matéria

[22] Garrett Service, *The Einstein Theory of Relativity* (A Teoria da Relatividade de Einstein), Nova Iorque, EUA, E. M. Radimann, 1928, p. 48.

[23] Vol. I, p. 14.

[24] Millikan, "The Autobiography of Robert A. Millikan", p. 273.

[25] Vol. II, p. 335.

> não são mais que dois aspectos da mesma substância'.

Esta substância ela chamava de *prakriti*, que emana da matéria primordial, ou *mulaprakriti* (a raiz da matéria).

Em *Ísis Sem Véu*[26], HPB postula diretamente a conversibilidade de força em matéria ao afirmar:

> "Toda manifestação objetiva, seja no movimento do corpo de um ser vivo, seja no movimento de algum corpo inorgânico, requer duas condições: vontade e força – além de matéria, que é aquilo que faz com que o objeto que se move seja visível aos nossos olhos; e essas três são todas forças conversíveis..."

A referência que se segue é especialmente interessante, não só porque a expressão energia atômica indica que os átomos têm energia, mas porque HPB parece ter sido a primeira pessoa a usar esta expressão tão comum hoje:

> O 'movimento ondulatório das partículas vivas' torna-se compreensível com a teoria de um... Princípio Vital universal, que é espiritual, independente de nossa matéria e que se manifesta como energia atômica somente no nosso plano de consciência."[27]

Tendo em vista tudo o que foi dito antes, não é surpreendente ser informada pelos atuais editores de *A Doutrina Secreta* que eles têm recebido pedidos frequentes de exemplares dessa obra feitos por professores universitários. Um professor do Instituto de Tecnologia da Califórnia comprou o livro diversas vezes nos últimos anos. Perguntado amavelmente sobre a razão disso, soube-se que, cada vez que um exemplar estava demasiadamente marcado, dificultando a sua leitura, ele comprava outro exemplar.

Esta escritora soube em 1982, quando visitava Boston e Cambridge, que os professores e alunos de química do Instituto de Tecnologia de Massachusetts (MIT) estavam fazendo planos para investigar os ensinamentos em *A Doutrina Se-*

[26] Volume I, p.260.
[27] *A Doutrina Secreta*, Vol. IV, p. 242.

*creta* relativos às suas especialidades. Em 1988, soube-se, por meio de Philip Perchion, um cientista que havia trabalhado na bomba atômica, que professores e estudantes do MIT haviam formado uma sociedade alquímica e que estudavam regularmente *A Doutrina Secreta*. Ele também disse que ele e vários professores de química – a maior parte professores aposentados do MIT – encontravam-se periodicamente para discutir a D. S. no Harvard Club, em Nova Iorque.

4. Albert Einstein e *A Doutrina Secreta*

Na nota nº 22, Parte 7, p. 651, do livro de *Sylvia Cranston* que ora examinamos, encontramos o seguinte texto que evidencia com muita propriedade o interesse daquele grande cientista na obra de *Blavatsky*. Lemos ali:

Robert Millikan pode ter sido um dos primeiros cientistas a apresentar *A Doutrina Secreta* para Einstein. De 1921 a 1945 ele foi o diretor do Laboratório Norman Bridges no Instituto de Tecnologia da Califórnia, em Pasadena; ele era também o presidente do comitê executivo do *Cal Tech*.

Nos anos 30, Millikan ajudou a trazer Einstein para os Estados Unidos. Por três verões, Einstein trabalhou em *Cal Tech*, antes de aceitar um posto em Princeton.

Millikan estava profundamente interessado em *A Doutrina Secreta*. Durante seu mandato em *Cal Tech*, uma cópia do livro, na biblioteca da escola, era tão solicitada que para alguém conseguir o seu empréstimo tinha que colocar o nome numa longa lista de espera. Parece provável que Millikan tenha sido um dos que despertaram o interesse de Einstein pela Doutrina Secreta.

Outra pessoa pode ter sido Gustav Stromberg, um astrofísico do Observatório Mount Wilson, de Los Angeles, que foi um bom amigo de Einstein e trabalhou com ele no observatório. Quando a obra de Stromberg *Soul of the Universe* (Alma do Universo) foi publicada, tinha na orelha uma recomendação de Einstein.

É interessante notar que, durante este período, Boris de Zirkoff, compilador de *H.P. Blavatsky Collected Writings*, visitava frequentemente o observatório e fez amizade com os astrônomos de lá. Disse ele que todos estavam interessados em teosofia, particularmente o dr. Hubbell. Stromberg visitou a Sociedade Teosófica em Point Loma e, certa vez, fez uma palestra lá; ele escreveu até mesmo a introdução para um livro de astronomia de dois teosofistas de Point Loma. Stromberg afirma:

> *Star Habits and Orbits* é descrito como 'astronomia para estudantes de teosofia'. Isto inclui, consequentemente, dois temas diferentes; primeiro, a descrição dos fatos astronômicos fundamentais e, segundo, uma interpretação destes fatos do ponto de vista dos ensinamentos teosóficos (...) O grande edifício da ciência moderna é incompleto sem a apresentação de um mundo não-físico, a partir do qual a energia, a organização e a mente temporariamente emergem e vão para dentro do mundo físico de espaço e tempo. Teorias físicas modernas mostram a insuficiência dos conceitos materialistas que até recentemente caracterizaram a ciência natural apontam diretamente para um mundo que está em contato íntimo com a nossa própria consciência.

Há muitos caminhos para o conhecimento e nenhum deles deve ser negligenciado. Sabendo, como sabemos agora, que a nossa mente, inclusive a nossa capacidade de pensar, tem suas raízes num mundo invisível, mas não desconhecido, é concebível que possam existir homens e mulheres inspirados capazes de perceber algo dos mistérios fundamentais da vida e do universo sem o uso de microscópios e telescópios. (Charles J. Ryan e L. Gordon Plummer, *Star Habits and Orbits*, Covina, Califórnia, EUA, Theosophical University Press, 1944, pp. V-VI.)

# Índice dos artigos até agora editados

## Volume 1

A Sociedade Teosófica e o seu trabalho: Carta do Maha-Chohan para A. P. Sinnett ..... 12
O grande paradoxo — Helena Blavatsky ..... 27
Os mestres de sabedoria — C. W. Leadbeater ..... 31
Consciência e teosofia — José Antonio Alves ..... 42
O poder vivo da teosofia — P. B. Wadia ..... 51
A teosofia e o dharma no mundo de hoje — Manuel Cavaco Nunes ..... 55
Uma introdução a Pistis Sophia — Raul Branco ..... 63
Da Páscoa ao Anno Domini — Edilson Almeida Pedrosa ..... 82
Os elementais, os espíritos elementares e a relação entre eles e os seres humanos — C. H. A. Bjerregaard ..... 104
Arte como um fator de evolução da alma — Jinarajadasa . 119
O adepto nega a teoria nebular? — Helena Blavatsky ..... 132
Esoterismo do dogma cristão — Helena Blavatsky ..... 138

## Volume 2

Teosofia e a Sociedade Teosófica — Geoffrey Hodson ..... 9
Defesa da teosofia — P. B. Wadia ..... 16
A lei do carma ou causa-efeito — Manuel Cavaco ..... 22
A Dinâmica da Fraternidade — N. Sri Ram ..... 40
Os sete princípios humanos — Edilson Almeida Pedrosa.... 47
O Pensamento de Blavatsky sobre os elementais — Helena P.Blavatsky ..... 77
O Sol é tão somente uma massa que se esfria? — Helena P. Blavatsky ..... 96
Biografia – Henry Steel Olcott ..... 105
Curiosidades teosóficas
I – Introdução das ideias teosóficas no Brasil ..... 120
II – Tempos modernos (o Kali Yuga) ..... 129
III – O caminho da vida ..... 131
IV – A vida de Geoffrey Hodson na Palestina ..... 133
Contos assombrosos de Blavatsky
O violino dotado de alma ..... 136

Volume 3

A árvore do conhecimento — Alvin Boyd Kuhn ........ 12
O voto de silêncio — B. P. Wadia ........ 47
Giordano Bruno, um mártir da liberdade de pensamento - Regina Medina ........ 51
A vida e sua mensagem — C. Jinarajadasa ........ 65
Curiosidades teosóficas
I – Festival da Lua Cheia de Wesak ........ 72
II – O dia do Lótus Branco ........ 75
III – Centenário das Aparições em Fátima ........ 77
Biografia
William Quan Judge ........ 79
O caráter esotérico dos evangelhos — Helena P. Blavatsky 84
Contos assombrosos de Blavatsky
A caverna dos ecos ........ 152

Volume 4

A Influência de H. P. Blavatsky na Arte — Ianthe Hoskins.. 12
O Caminho da Verdade — Phan-Chon-Tôn ........ 16
Diálogo entre duas autoras:
Sobre corpos astrais, ou *doppelgnger* ........ 23
A origem dos Evangelhos e o bispo de Bombaim — Helena P. Blavatsky ........ 34
Carma e dharma — B. P. Wadia ........ 46
A espiritualidade e o feminino — Regina Medina ........ 50
O Novo Ciclo — Helena P. Blavatsk ........ 57
O Templo Iluminado — Vicente Fiumano ........ 72
Uma Ioga de Luz — Geoffrey Hodson ........ 83
A fraternidade como uma via para a consciência desperta — Trân-Thi-Kim-Diêu ........ 92
Investigando a clarividência (Uma evidência científica) — Ricardo Lindemann ........ 101
Vegetarianismo à Luz da Teosofia — Annie Besant ........ 107
O Escudo Luminoso — H. P. Blavatsky ........ 127
Biografia
Helena P. Blavatsky ........ 137
Curiosidades Teosóficas
I — Padre foi precursor da Teosofia na Itália ........ 156

II — O que os teósofos pensam a respeito da intuição?..... 162
III — A importância da Tradição dos Mistérios.................. 164

Volume 5

Prefácio.................................................................... 9
Dogmatismo na Teosofia
William Judge.......................................................... 12
O sistema de evolução humana em *A Doutrina Secreta*
Moacir M. Fernandes................................................ 15
Medicina e holismo na Grécia Antiga
Regina Medina.......................................................... 31
A ponte entre a ciência e a religião
Entrevista com Amit Goswami.................................. 39
Prepare-se para responder ao darma
B. P. Wadia................................................................ 71
Os chelas são mediuns?
Helena P. Blavatsky.................................................. 77
Blavatsky não era um médium? E se era, por que se opunha à mediunidade?.............................................. 82
Contos Assombrosos de Blavatsky.............................. 87
Uma vida enfeitiçada (Conforme narrado por uma caneta de pena)............................................................ 89
Biografia
Alfred Percy Sinnet.................................................. 141
Curiosidades teosóficas............................................ 148
- O que é a iniciação diária?.................................. 148
- Os benefícios da cremação.................................. 150
- Blavatsky previu muitos dos avanços da física moderna.................................................................. 154

## Um Olhar Sobre a Filosofia Esotérica

EDILSON ALMEIDA PEDROSA

14x21cm, 912 p.

Sob inspiração dos mestres de sabedoria, Helena Blavatsky transmitiu ao mundo um colossal acervo de obras literárias fundamentais sobre a teosofia. Seus livros são a essência do pensamento esotérico mundial no que diz respeito ao surgimento e à evolução do Universo e da humanidade. A magnitude e complexidade de sua volumosa obra, eivada muitas vezes de vários conceitos intrincados, dificulta o acesso e a pronta compreensão do leitor que não está familiarizado com o assunto, limitando a atratividade de suas obras e afastando novos leitores. Para sanar tal dificuldade, este livro, compacta, de maneira simplificada e organizada, praticamente todos os conceitos e temas importantes abordados naquela monumental obra, atualizando-os e comentando-os, de forma a colocar ao alcance de todos os leitores os mais importantes conceitos da filosofia esotérica expostos nos grandes clássicos do ocultismo.

Ainda que seja uma reflexão crítica mais generalizada daquela magna ciência, esta nova obra facilita a compreensão da estreita relação que o ocultismo mantém com os principais ramos do conhecimento humano, especialmente com as ciências da natureza, a quem a teosofia dá vida, instigando novas pesquisas. E ainda há uma rigorosa análise da simbologia das religiões e filosofias mundiais, com ênfase na visão esotérica do cristianismo e discussões sobre as suas doutrinas e mitos que são de difícil aceitação quando examinados ao pé da letra.

LUZES DA TEOSOFIA – VOL. 5

foi confeccionado em impressão digital, em março de 2023

Conhecimento Editorial Ltda

(19) 3451-5440 — conhecimento@edconhecimento.com.br

Impresso em Luxcream 80g – StoraEnso